하나님의 돈

하나님의 돈

초판 1쇄 인쇄 2009년 1월 10일
초판 1쇄 발행 2009년 1월 20일

지은이 이중수 **펴낸이** 임세일 **펴낸곳** 목회자료사
등록 제6-13호
주소 우136-890 서울시 성북구 돈암1동 48-11
전화 02-922-6611 **팩스** 02-924-6306
보급 · 비전북 전화 031-907-3927 **팩스** 080-907-9193

값 7,000원
ISBN 978-89-7216-302-2 03230

목회자료사는 복음의 본질을 새롭게 규명함으로써 오늘을 사는 그리스도인들에게
하나님나라의 가치관이 정립된 건전하고 참신한 믿음생활의 원리를 제시하고 있습니다.

하나님의 돈

이중수 지음

목회자료사

여호와께서 아브람에게 이르시되 너는 너의 고향과 친척과 아버지의 집을 떠나 내가 네게 보여 줄 땅으로 가라 내가 너로 큰 민족을 이루고 네게 복을 주어 네 이름을 창대하게 하리니 너는 복이 될지라 너를 축복하는 자에게는 내가 복을 내리고 너를 저주하는 자에게는 내가 저주하리니 땅의 모든 족속이 너로 말미암아 복을 얻을 것이라 하신지라 (창 12:1~3).

차례

서문 • 8

1장 하늘의 복은 세상의 복과 다르다 • 11
   재물, 창조주 하나님이 주신 복 | 재물과 구원의 관계
   하나님의 약속과 그리스도인의 자세

2장 물질적 풍요, 복 받았다는 증거인가? • 21
   기도의 응답이 반드시 복은 아니다 | 북이스라엘 이야기

3장 하나님이 공동체에게 복 주시는 이유 • 27
   개인에서 공동체로 전파되는 복 | 공동체는 복의 마지막 목적지

4장 복과 고난, 동전의 양면 같은 관계 • 35
   복 있는 사람도 고난 받는다 | 하나님이 세운 족장들의 고난
   예수님을 따르던 그리스도인들의 고난 | 고난 속의 선물, 복

5장 고난을 통해 얻는 6가지 복의 의미 • 47
   십자가 구속의 의미를 더 깊이 이해한다 | 그리스도인의 성품이 연마된다
   그리스도인의 소망을 다져 준다 | 하나님만을 바라보게 한다
   하나님의 쓰시는 사람으로 단련시킨다 | 하나님의 임재를 느낄 수 있다

6장 복을 소망하는 그리스도인의 자세 • 57
   위대한 하나님의 사람, 아브라함과 다윗 | 고난을 만나는 잘못된 태도
   믿음과 기도응답의 진정한 의미 | 재물 때문에 하나님을 버렸던 이스라엘
   가장 작은 것과 함께 하시는 하나님
   이해할 수 없는 고난을 대하는 그리스도인의 자세

7장 하나님이 주시는 복 · 79
하나님이 설계하신 세상만물과 영혼의 풍요로움
신약의 거울을 통해 본 구약의 복

8장 복을 준비하시는 하나님 · 87
끊임없이 찾아오는 복 | 후손에게 전파되는 복

9장 재물과 복을 함께 주관하시는 하나님 · 95
풍요로운 재물을 누린 하나님의 사람들
재물보다 재물을 주시는 하나님을 바라본 이스라엘
모든 풍요의 결정체, 예수 그리스도

10장 재물, 우상이 되지 않도록 경계하라 · 109
재물의 성격 | 신약시대의 재물 | 재물을 우상으로 삼지 않는 방법
삭개오와 마리아를 통해 본 재물 이야기 | 예수님께 배우는 재물에 대한 자세
부와 가난, 재물에 대한 성경의 관점

11장 충성된 청지기의 재물 사용법 · 131
하나님께 돈의 사용법을 구하라 | 돈에 집착하지 말라
넉넉한 마음으로 베풀라 | 만족과 감사로 기쁨을 누려라
하나님이 맡긴 재물로 선행을 베풀어라 | 혼자 움켜쥐지 말고 나눠 가져라
어떤 상황이든지 하나님 안에서 만족하라

서문

새해가 되면 우리는 "새해 복 많이 받으세요!"라고 인사를 합니다. 교인들의 집을 방문해도 복을 기원하고, 혼자 있을 때도 하나님께 복을 내려 달라고 자주 빕니다. 기도뿐만 아니라 설교의 상당 부분도 복에 대한 것입니다. 복이란 말은 들어서 좋고 받아서 흐뭇합니다.

아브라함은 믿음의 조상이었습니다. 믿는 사람이 복을 받은 사람이라고 본다면 아브라함은 모든 그리스도인들의 아버지 격이니까 복도 가장 많이 받은 인물일 것입니다. 과연 그는 '복의 근원'이 된 사람이었습니다. 그런데 아브라함이 받은 복의 내용은 우리가 통상적으로 사용하는 현세 중심의 복 개념과는 사뭇 다른 듯합니다.

만일 아브라함의 복이 우리의 일반적인 복 개념과 다르다면 성경에 나오는 많은 복들의 내용도 우리가 전통적으로 이해하고 관습적으로 사용하는 구복(求福) 사상과는 차이가 있다는 말입니다. 아브라함은 "믿는 모든 자의 조상"(롬 4:11)이었습니다. 따라서 그의 믿음을 따라 그리스도인이 된 사람들이 받는 복은 아브라함이 받은 복과 동일해야 할 것입니다. 다시 말해 아브라함 이후에 약속된 하나님의 자녀들을 향한 신구약의 복들은 아브라함의 복과 본질적으로 다를 수 없을 것입니다.

이 책에서는 먼저 아브라함이 받은 복과 관련해 구약시대에 하나님이 재물을 통해서 의도하셨던 복의 성격과 목표가 무엇이었는지 살펴보았습니다. 그리고 이런 복들이 신약시대에 와서 어떻게 적용되고 이해되었는지 검토하고, 오늘날의 그리스도인들이 재물에 대해 가져야 할 자세가 어떠해야 하는지 신약의 교훈에 비추어 제시해 보았습니다.

끝으로 이 책을 쓰면서 다음 저자들의 통찰이 도움이 되었음을 밝힙니다(3장, 10장).

Jesus and Power, David Prior
Money and Power, Jacques Ellul
Blessing, Claus Westermann

-LA에서, 이중수

1장 _ 하늘의 복은 세상의 복과 다르다

현세 구복적인 재래 종교의 영향을 깊이 안고 있는 우리는 성경의 복도 지상의 물질적 복에다 묶어서 이해하려는 경향이 농후합니다. 물론 성경에도 지상의 복을 열거한 경우가 적지 않습니다. 그러나 그 강조점이나 의도 및 목적은 재래 종교나 세속적 개념의 복들과는 전혀 판이합니다.

재물, 창조주 하나님이 주신 복

우선 성경의 물질관은 하나님의 창조 의도와 관련된 것입니다. 하나님은 선한 목적으로 물질계를 창조하시고 만족해하셨습니다. 하나님은 어떤 특정한 피조계만 좋게 여기신 것이 아니었습니다. 하나님은 물질로 된 모든 창조계를 좋게 보셨습니다. 그래서 "하나님이 보시기에 좋았더라"는 말씀이 각 창조물에 후렴처럼 따라 나옵니다(창 1:10, 12, 18, 21, 25, 31). 천지창조가 끝난 후에 이렇게 다시 묶어서 강조했습니다. "하나님이 지으신 그 모든 것을 보시니 보시기에 심히 좋았더라"(창 1:31). 또한 하나님은 피조계의 생육과 번성을 위해 복을 주셨습니다(창 1:22, 28).

한편 하나님이 창조하신 물질계는 비록 인간의 타락으로 저주를 받기는 했지만(창 3:17~18) 회복이 약속되었고(롬 8:18~23), 노아의 홍수 이후에도 생육과 번성을 위한 하나님의 원래 의도는 깨어지지 않았습니다(창 9:1).

하나님이 지으신 이 세상은 사실상 너무나 풍성한 곳입니다. 하나님은 인간들이 하나님의 세계 속에서 풍요를 즐기며 살기를 원하십니다.

"사람이 먹고 마시며 수고하는 것보다 그의 마음을 더 기쁘게 하는 것은 없나니 내가 이것도 본즉 하나님의 손에서 나오는 것이로다"(전 2:24).

"사람이 하나님께서 그에게 주신 바 그 일평생에 먹고 마시며 해 아래에서 하는 모든 수고 중에서 낙을 보는 것이 선하고 아름다움을 내가 보았나니 그것이 그의 몫이로다"(전 5:18).

하나님은 물질계를 지으신 뒤에 인류의 조상인 아담에게 "씨 맺는 모든 채소와 씨 가진 열매 맺는 모든 나무를" 식물로 주셨고(창 1:29), "동산에 있는 모든 나무의 열매는 네가 먹고 싶은 대로 먹어라"고 하셨습니다(창 2:16, 표준새번역). 홍수 이후에는 동물까지도 하나님이 식물로 허락하셨습니다(창 9:3). 물론 우리의 세상은 타락 이후로 경제계의 부패와 인간의 탐욕에 의한 분배와 소득의 불균형이 지역에 따라 극심한 가난과 빈부의 격차를 빚고 있지만 하나님은 아직도 땅에서 풍성한 식물이 나게 하십니다(시 65:9~13).

하나님은 원래 풍요로운 세상을 만드셨습니다. 하나님은 '모든 것을 후히 주사 누리게 하시는' 분입니다(딤전 6:17). 하나님은 선한 목적을 위해 세상의 물질계를 창조하셨습니다. 그러기에 예수님이 육신의 몸으로 이 세상에 오셨고 육체의 부활을 통해 죄인들을 구원하실 수 있었습니다.

그러므로 하나님이 자기 백성들과 맺었던 언약 속에 물질의 약속이 포함된 것은 극히 자연스러운 일이었습니다. 이런 뜻에서 재물은 하나님이 주신 복이었습니다. 바꾸어 말하면 하나님이 주겠다고 하신 복의 약속은 물질을 통해서 가시적이고 체험적으로 성취되어 갔습니다. 그러나 물질적 복의 배후에는 가시적이고 체험적인 차원을 초월하는 영적 구원에 대한 거대한 목적이 있다는 사실을 알아야 합니다.

재물과 구원의 관계

하나님은 물질계를 창조하시고 이를 기뻐하셨습니다. 인간도 유한한 육체를 지니고 물질세계에서 살고 있는 존재입니다. 그래서 하나님은 창조세계의 인간들을 물질로 돌보시면서 의식주에 대한 모든 물질의 복이 하나님께로부터 오는 무상의 선물이라는 것을 가르치길 원하셨습니다. 그러니까 인간들에게 가장 절실하게 필요한 물질적인 필요를 넘치게 공급해 줌으로써 하나님 나라의 은혜가 얼마나 풍성한 것인지 보여 주었습니다.

아브라함, 이삭, 야곱 같은 구약의 족장들을 위시하여 욥이나 솔로몬이 누렸던 부가 성경에서 크게 부각된 까닭도 실은 더 고귀한 미래의 영적 선물 곧 예수 그리스도 안에서 누리게 될 구원의 은혜가 거저 받는 것이며 또한 풍성하기 이를 데 없음을 대변하기 위한 것이었습니다.

이 점을 가장 극적으로 이스라엘 역사에서 드러낸 사건이 출애굽과 가나안 정복입니다. 출애굽한 이스라엘 백성들에게 하나님은 가나안 복지를 약속해 주셨습니다. 가나안은 젖과 꿀이 흐르는 곳으로 묘사되었습니다. 그곳은 산물이 풍부하고 차지할 땅이 많은 신천지였습니다. 노예 민속으로 400년간 종살이를 했던 이스라엘 백성들에게는 가나안이 곧 낙원이었습니다. 그런데 이 땅은 이스라엘 백성들이 하나님의 손으로부터 거저 받는 언약의 선물이었습니다. 그래서 이스라엘 백성들은 하나님이 은혜로 주신 그 땅에서 풍성을 누리며 여호와 하나님의 구원을 감사하고 찬양해야 했습니다.

결국 하나님이 자기 백성에게 약속하시고 내려주시는 지상의 풍요는 어디까지나 하나님 자신의 능력과 지혜로써 이룩하는 새 하늘과 새 땅에서의 충만한 구원의 은혜와 영화를 가시적으로 드러내는 하나의 예증이었습니다. 그러므로 재물 자체의 경제적 가치만 인정하고 재화의 축적에 탐닉하며 스스로 잘나고 강한 체하는 것은 하나님 나라의 후한 영적 은혜와 하나님 자신의 주인 되심을 부정하는 불신의 행위입니다(참조, 신 6:10~25). 그런 사람을 성경은 '강포한 자'라고 부르고 악인으로 취급했습니다(시 52:1, 7, 미 6:12).

"이 사람은 하나님으로 자기 힘을 삼지 아니하고 오직 자기 재물의 풍부함을 의지하며 자기의 악으로 스스로 든든하게 하던 자라 하리로다"(시 52:7).

사실상 세상의 재물은 아무리 귀할지라도 그 자체로서는 영적이거나 영구적인 가치가 없습니다. 진정한 부는 하나님 자신이시며 그분이 세우시는 하나님 나라만이 영원한 가치가 있습니다. 그래서 물질의 복을 자주 언급했던 구약시대에도 진정한 복이란 하나님에게서 죄의 용서를 받고 정죄에서 해방되는 영적 복임이 지적되었습니다.

"허물의 사함을 받고 자신의 죄가 가려진 자는 복이 있도다 마음에 간사함이 없고 여호와께 정죄를 당하지 아니하는 자는 복이 있도다"(시 32:1~2).

그럼에도 불구하고 많은 구약의 백성들은 부요의 근본이신 하나님 자신이 주시는 영적인 복보다 하나님 나라의 상징물인 재물 획득에만 관심을 쏟았습니다. 그들은 실체보다 상징에 현혹되었고, 상징이 품은 영적 교훈보다 상징물 자체의 편익에 마음을 빼앗겼습니다. 그들은 재물을 허락하시는 분의 의도를 망각했기에 손에 들어온 물질에 대해서 자기 의를 내세우게 되었고 부자의 정신에 빠져 하나님을 경외하지 않았습니다(참조. 계 3:17, 막 10:21~23).

세상 재물은 모두 하나님의 것입니다. 하나님은 임의로 자신의 부를 원하는 자들에게 나누어 주십니다. 그러나 그 목적은 단순한 호의가 아니고 그리스도의 구속이 가져다 줄 풍요롭고 후하기 그지없는 은혜의 세계를 비유석으로 시사하는 것이었습니다. 이것이 하나님께서 구약의 이스라엘 백성들에게 그리스도 안에서 이루어질 풍성한 구원의 은혜를 가르치려고 의도했던 하나의 예

시적인 방법이었습니다.

그렇다고 해서 하나님이 물질의 본질적인 기능을 전혀 고려하지 않으신 것은 아니었습니다. 물질의 복을 통해 재창조계의 보다 나은 영적 구원을 실생활의 영역에서 체험하게 하려는 하나님의 본뜻이 물론 중요하지만 그것 때문에 인간의 기본적인 필요가 무시되지는 않았습니다.

하나님의 약속과 그리스도인의 자세

하나님은 자비하셔서 우리가 물질이 궁하면 쉽게 낙심하고 믿음이 흔들리며 고개를 쳐들지 못한다는 것을 잘 아시고 기꺼이 도와주십니다. 그래서 땅 없는 아브라함에게 땅을 주겠다고 약속해 주셨고, 자식 없는 그에게 아들을 약속해 주었으며, 존재도 없던 한 평범한 사람에게 명성을 허락해 주었습니다(창 12:1~3). 하나님은 내가 가장 절실한 필요를 느끼는 곳에서 나를 만나 주실 용의가 있으신 분입니다. 그러나 그 같은 나의 필요를 채워 주시는 자비하신 조처 뒤에는 우리가 그 복을 통해서 더욱 깊고 높은 영적 필요를 느끼고 사모하게 하려는 심오한 구원의 뜻이 담겨 있음을 알아야 합니다.

하나님이 이스라엘 백성들을 광야에서 단련시킬 때에도 동일한 뜻으로 만나를 공급해 주셨습니다. 만나는 열조들이 먹어 보지 못했던 진귀한 음식이었습니다. 그러나 이 음식은 단순히 배고픈 광야의 백성들에게 허기를 채워주는 것 이상의 의미가 있었습니다. 다시 말해 그 만나를 통해서 하나님의 진리의 말씀을 먹고 살아야 할 영생의 삶이 있음을 백성들이 깨닫고 날마다 만나를 먹듯이 진리의 말씀을 갈망하게 하려는 것이 하나님의 진정한 의도였습니다(신 8:3, 요 6:31~35).

아브라함은 하나님의 이 같은 뜻을 아는 인물이었습니다. 그는 땅에 대한 약속을 받았지만 그 땅이 궁극적으로 자기가 밭을 갈고 가축들을 기르며 집을 짓고 살 이 세상 땅이 아니고 영원한 하늘의 본향 땅에 대한 시각 교재에 불과하다는 사실을 인식했던 것입니다. 또한 자식과 명성과 큰 나라에 대한 약속도 결국 하나님 나라의 복에 대한 예시이며 그림자라는 사실을 감지하는 영적 눈이 있었습니다. 그렇기 때문에 그는 일생을 순례자로서 장막 속에 거하며 아직도 이루어지지 않은 하나님의 언약을 믿음으로 기다리며 살 수 있었습니다.

"이 사람들은 다 믿음을 따라 죽었으며 약속을 받지 못하였으되 그 것들을 멀리서 보고 환영하며 또 땅에서는 외국인과 나그네임을 증언하였으니······ 이러므로 하나님이 그들의 하나님이라 일컬음 받으심을 부끄러워하지 아니하시고 그들을 위하여 한 성을 예비하셨느니라"(히 11:13, 16).

물질의 복을 통해 영적 복을 바라볼 수 있는 사람은 믿음의 눈을 가진 사람입니다. 그런데 그런 믿음의 사람들은 물질의 복에 매달리지 않습니다. 그들은 그 뒤에 있는 영원한 실체인 하늘 본향을 사모하는 사람들이기 때문입니다. 그래서 물질에 대한 복이 설혹 자신의 생애 동안 다 이루어지지 않더라도 하나님의 약속의 신실성을 바라며 내일의 본향을 더욱 간절히 바라봅니다. 만일 우리가 아브라함을 믿음의 조상이라고 인정한다면(롬 4:11) 우리도 그와 동일한 믿음의 자세로 이 세상의 사물들을 넘어, 우리를 위하여 예비하신 본향의 도성을 날마다 고대하며 살아야 할 것입니다(계 21:2).

2장 _ 물질적 풍요, 복 받았다는 증거인가?

물질이 많아졌다고 해서 그것이 반드시 하나님이 주신 복의 결과나 경건한 삶에 대한 보상이라는 등식은 성립되지 않습니다. 오히려 그와 정반대일 수 있기 때문입니다. 광야의 이스라엘 백성들이 대표적인 예라 하겠습니다. 하나님은 그들에게 만나를 비같이 내리셨고 고기를 티끌같이 내리셨습니다(시 78:24, 27). 그러나 광야의 백성들은 배불리 먹고 욕심껏 받았지만 그들의 욕심에서 떠나지 않아 하나님의 진노를 당했습니다.

"그들이 먹고 심히 배불렀나니 하나님이 그들의 원대로 그들에게 주셨도다 그러나 그들이 그들의 욕심을 버리지 아니하여 그들의 먹을 것이 아직 그들의 입에 있을 때에 하나님이 그들에게 노염을 나타내사 그들 중 강한 자를 죽이시며 이스라엘의 청년을 쳐 엎드러뜨리셨도다"(시 78:29~31).

기도의 응답이 반드시 복은 아니다

이스라엘의 왕권제도도 마찬가지입니다. 이스라엘 백성들은 사무엘 선지자에게 "우리도 다른 나라들 같이 되어 우리의 왕이 우리를 다스리며 우리 앞에 나가서 우리의 싸움을 싸워야 할 것이니이다"(삼상 8:20)라고 졸랐습니다. 하나님은 그들에게 왕권제를 허락했지만 호세아서에서 이렇게 증언합니다.

"내가 분노하므로 네게 왕을 주고 진노하므로 폐했노라"(호 13:11).

기도의 응답이 반드시 복은 아닙니다. 하나님께로부터 받은 것이라 할지라도 나의 소원 성취는 복이라기보다는 오히려 진노의 한 과정일 수 있습니다. 또한 하나님이 우리에게 약속하시고 공급해 주시는 물질의 복이더라도 하나님 자신보다 물질 자체에 마음이 흘리면 그것은 우리에게 복이 되지 않고 올무가 됩니다. 그래서 하나님은 이스라엘 백성들에게 이렇게 경고하셨습니다.

"네가 먹어서 배부르고 아름다운 집을 짓고 거주하게 되며 또 네 소와 양이 번성하며 네 은금이 증식되며 네 소유가 다 풍부하게 될 때에 네 마음이 교만하여 네 하나님 여호와를 잊어버릴까 염려하노라"(신 8:12~14).

이스라엘이 물질의 복을 덜 받았기 때문에 하나님을 잘못 섬기고 믿음이 자라지 못한 것이 아니었습니다. 오히려 넘치는 복을 받고 이를 감당하지 못했기 때문에 나라가 망한 것이었습니다.

에스겔 16장을 한번 읽어 보십시오. 물질의 복을 차고 넘치게 받은 이스라엘이 교만해지고 무성해지며 도덕적으로 타락하고 하나님을 우상과 대치하는 배신의 현장이 아주 낱낱이 폭로되어 있습니다.

"사람이 떡으로만 사는 것이 아니요 여호와의 입에서 나오는 모든 말씀으로 사는 줄을"(신 8:3) 깨닫지 못한 채 잘 먹고 잘 사는 일은 위험천만한 일입니다. 영적 복에 대한 간절한 사모함보다 내가 주체도 못할 물질의 복을 더 받기만 원하는 자세는 마음이 하나님 아닌 세상의 것들에 사로잡혀 있다는 증거입니다.

"너희가 하나님과 재물을 겸하여 섬기지 못하느니라"(마 6:24)는 것이 예수님의 경고입니다. 이 말씀이 가장 뚜렷이 증명된 또 다른 실례는 에스겔 16장 이외에도 아모스서를 들 수 있습니다.

북이스라엘 이야기

여로보암 2세가 통치하던 북왕국 이스라엘은 경기가 좋아 흥청거리던 시대였습니다. 경제적으로 훨씬 잘 살게 되었을 뿐만 아니라 성소로 사람들이 물밀듯이 몰려들었고 엄청난 헌금이 쏟아져 나왔으며 안식일을 비롯한 각종 종교 프로그램으로 분주하기 짝이 없었습니다. 그래서 사람들은 하나님이 복을 주셔서 태평하고 신앙생활에 활기가 있으며 종교가 부흥된다는 도취감에 빠져 있었습니다.

그러나 그런 생각은 물질의 풍요가 곧 하나님의 복이라는 근시안적인 번영 신학에 눈먼 사람들이 상상한 착각이었습니다. 실상인즉 백성들은 화려한 예배가 끝나면 인습화된 도적질과 속임수로 치부를 했고 뒷전에서 사치와 향락을 일삼았으며 가난한 이웃들을 외면한 채 더 많은 복을 받기 위해 성소에다 재물만 갖다 바쳤으며 언약 공동체의 질적 발전을 위해서는 아무런 관심도 갖지 않았습니다(암 4:1, 5:7, 10, 13).

그러니까 물질의 덕을 단단히 보며 아멘과 할렐루야를 외치는 소위 성민이라는 이 백성들은 하나님의 말씀을 잘 순종했기 때문에 호의호식하며 넓고 아름다운 성소에서 예배를 보게 된 것이 아니라 오히려 율법에 명시된 정직과 사랑과 공의와 도덕을 무시했기 때문에 잘 먹고 잘 살게 된 것이었습니다.

그러므로 교회 헌금이 늘고 개인의 수입이 오르고 사업이 잘 된다고 해서 반드시 하나님의 복을 받았다는 보장은 없습니다. 예수님을 믿지 않는 사람들도 돈은 얼마든지 잘 벌고 있습니다. 하나님의 자녀로서 주의 계명을 지키고 살기 때문에 허락해 주시는 물질과 내가 주의 계명을 내던지고서 벌어들이는 재물은 다른 것입니다. 전자는 하나님이 주시는 복에 대한 감사의 소재가 될 수 있지만, 후자는 불순종으로 얻은 재물을 감사 헌물로 바치는 것이므로 거룩하신 하나님께 대한 모독이 됩니다(말 1:14). 그래서 하나님은 아모스 선지자를 통해 이렇게 꾸짖으셨습니다.

"내가 너희 절기들을 미워하여 멸시하며 너희 성회들을 기뻐하지 아니하나니 너희가 내게 번제나 소제를 드릴지라도 내가 받지 아니할 것이요 너희 살진 희생의 화목제도 내가 돌아보지 아니하리라 네 노랫소리를 내 앞에서 그칠지어다 네 비파 소리도 내가 듣지 아니하리라 오직 정의를 물같이, 공의를 마르지 않는 강 같이 흐르게 할지어다"(암 5:21~24).

3장 _ 하나님이 공동체에게 복 주시는 이유

믿음의 사람은 하나님이 내게 약속해 준 복이라고 해서 반드시 나 개인에게만 적용된다는 옹졸한 생각을 하지 않습니다. 아브라함은 복을 받은 자였지만 그 복은 다른 사람에게 흘러나가야 할 복이었습니다.

이것은 '복의 근원'(창 12:2)이라는 말이 지닌 또 하나의 다른 의미입니다. "땅의 모든 족속이 너로 말미암아 복을 얻을 것이라"(창 12:3)는 다음 절의 말씀도 결국 아브라함이 자기의 복을 혼자 다 차지하는 것이 아니라 남에게 전달해 주고 나누어 갖는다는 뜻을 포함하고 있습니다.

성경은 아브라함의 복이 그의 아들인 이삭에게 전이된 것을 이렇게 설명합니다.

"이 땅에 거류하면 내가 너와 함께 있어 네게 복을 주고 내가 이 모든 땅을 너와 네 자손에게 주리라 내가 네 아버지 아브라함에게 맹세한 것을 이루어 네 자손을 하늘의 별과 같이 번성하게 하며 이 모든 땅을 네 자손에게 주리니 네 자손으로 말미암아 천하 만민이 복을 받으리라 이는 아브라함이 내 말을 순종하고 내 명령과 내 계명과 내 율례와 내 법도를 지켰음이라 하시니라"(창 26:3~5).
"두려워하지 말라 내 종 아브라함을 위하여 내가 너와 함께 있어 네게 복을 주어 네 자손이 번성하게 하리라"(창 26:24).

물론 아브라함에게 주셨던 언약은 예언의 관점에서 보면 아브라함의 후손인 예수님의 탄생에 의해 성취되었습니다. 그 결과 지금도 교회를 통해 예수 그리스도의 복음이 온 세상에 퍼지기 때문에 그리스도인이 되는 사람들은 사실상 따져 보면 아브라함의 덕을 입고 있는 셈입니다.

하나님이 주시는 복은 어떤 특정 개인의 출세나 성공이 아닌 타인들의 복을 포용시킨 것입니다. 그래서 복을 받은 사람은 아브라함처럼 복의 통로가 되어야 하며, 엄밀하게 말해서 그리스도인 한 사람 한 사람이 하나님의 복을 이웃에게 흘러넘치게 하는 '복의 근원'이 되어야 합니다. 예컨대 재물의 복을 받았으면 가난

하고 불쌍한 형제들과 나누어야 하고, 은사의 복을 받았으면 교회를 섬기는 봉사로 사용해야 합니다.

예수님은 "나를 믿는 자는 성경에 이름과 같이 그 배에서 생수의 강이 흘러나오리라"(요 7:38)고 하셨습니다. 이 말씀은 성령으로 채워진 그리스도인의 삶이 타인의 삶에도 복이 되어 또 하나의 복으로 번져 나가야 한다는 점에서 아브라함이 받은 복의 성격과 동일합니다.

이 같은 복의 이타성을 모르면 순전히 자기중심적이고 기복적인 기도에서 벗어나지 못합니다. 그러나 타인의 복을 먼저 염두에 두고 하나님께 무엇을 구한다면 받은 복으로 인해서 사기를 내세우지도 않을 것이며 하나님이 자기만 유독 사랑하고 복을 내려주신다는 이기적인 선민의식도 막을 수 있을 것입니다. 아브라함이 받은 복은 개인에게 내린 복이었지만 분명 믿음의 후손들에게 분배되는 나눔의 복이었습니다.

개인에게서 공동체로 전파되는 복

복은 개체 단위에서 끝나는 것이 아니고 전체에게 흘러나가는 것입니다. 이것이 복의 전이성입니다. 복은 처음부터 공동체적인 성격을 띠고 있었습니다. 하나님이 세상을 창조하셨을 때 복을 주셨습니다. 그런데 어떤 특정된 개체에게만 복을 주신 것이 아니고 전체를 향한 복을 내리셨습니다. 생육하고 번성하라는 말씀은 곧 전체를 대상으로 삼은 포용적인 복입니다. 하나님은 애초부터 하나님의 백성 전체를 염두에 두시고 그들의 번성과 평안을 위해 복을 주셨습니다. 그래서 예수 그리스도를 예표하는 구약의 왕이나 제사장들이 여호와의 이름으로 이스라엘 백성 전체를 향한 복을 기원했습니다.

복이 흘러나가야 한다는 복의 전이성에서 보면 이스라엘의 왕들은 온 백성들에게 나누어 줄 만큼의 복을 받은 자라야 했습니다(삼상 16:18). 또한 제사장들도 복의 기원자들이었는데 예배가 끝날 때 경배자 전체를 향해 축원했습니다. 하나님의 백성들이 다 함께 모이는 성전은 여호와의 임재를 상징하는 곳이라는 점에서 거룩한 장소였습니다. 그러나 성전은 하나님이 주시는 복이 제사장을 통하여 백성들에게 전이된다는 점에서도 특별한 장소였습니다.

"여호와께서 모세에게 말씀하여 이르시되 아론과 그의 아들들에게 말하여 이르기를 너희는 이스라엘 자손을 위하여 이렇게 축복하여 이르되"(민 6:22~23).
"그들은 이같이 내 이름으로 이스라엘 자손에게 축복할지니 내가 그들에게 복을 주리라"(민 6:27).

제사장들이 예배의식이 끝나는 때 백성들을 향해 이렇게 축복한 것은 어디까지나 공동체적인 복지를 위한 기원이었으며, 하나님이 내리시는 복을 나누어 갖는다는 데 의의가 있었습니다.

예수님의 경우도 부활하신 이후 제자들이 모였던 곳에 오셔서 축복하셨고, 승천 직전 베다니에 모인 제자들 위에 손을 들어 축복하셨습니다. 그리고 성령께서도 다락방 공동체에 임하셨습니다. 이것은 모두 하나님의 복이 개체보다 교회라는 공동체 단위를 포용한다는 시사입니다(요 14:27, 20:19~20, 마 28:20, 행 2:1~4).

공동체는 복의 마지막 목적지

성경은 교회를 믿음의 식구들이 모인 예수 그리스도의 몸으로 비유합니다(고전 12:12~27). 몸에는 여러 지체들이 있다고 했습니다. 그러나 그 지체들이 서로 상합하여 한 몸을 이룹니다. 그러므로 "만일 한 지체가 고통을 받으면 모든 지체가 함께 고통을 받고 한 지체가 영광을 얻으면 모든 지체가 함께 즐거워"(고전 12:26)합니다.

하나님의 복은 결국 예수 그리스도의 몸을 위한 것입니다. 비록 어떤 특정한 지체, 곧 개개인을 향한 복이라 할지라도 그것은 그 그리스도인이 소속된 몸 전체의 유익을 위해 번져 나가야 합니다.

교회 공동체의 복지와 안녕을 감안하지 않는 나 개인만을 위한 극히 제한적인 복의 간구는 지양되어야 합니다. 물론 나 개인의 필요가 있고 내 가족의 복지에 한정되는 어떤 구체적인 복의 간구가 선허 없어야 한다는 말이 아닙니다. 그렇더라도 오직 나와 내 가족만이 잘되기 위한 소망에서, 교회 공동체나 다른 지체들의 형편을 고려하지 않는 일방적이고 공리주의적인 복의 탄원은 개인 위주의 구복 사상입니다.

예수님이 가르치신 주기도문의 첫째 관심은 하나님 나라가 임하는 것이었습니다(마 6:9~10). 그리고 먹고 마시고 입는 문제와 관련해서 예수님이 주신 교훈의 결언도 "너희는 먼저 그의 나라와 그의 의를 구하라"(마 6:33)는 내용이었습니다. 또한 주기도문에서 언급된 일용할 양식도 어떤 개인에게 국한된 요청이 아니고 "우리에게 일용할 양식을 주시옵고"(마 6:11)라고 되어 있습니다.

설사 개인에게 내려주시는 개별적인 복이라 할지라도 하나님 편에서 보면 그 복은 그리스도인의 온전한 몸 전체를 이루기 위한 목적을 지닌 것입니다. 하나님 나라가 완성되는 문제도 이런 복의 전이성과 공동체성에 비추어 이해되어야 합니다.

하나님은 욕심쟁이를 미워하십니다. 탐심에서 비롯되는 일체의 행위를 하나님은 정죄하십니다. 비록 하나님의 이름으로, 혹은 교회의 이름으로, 혹은 이웃돕기라는 대의명분으로 요청되는

복이라 하더라도 개인의 욕심이나 이기적인 동기에서 희구하는 것은 복의 공동체성과 전이성이 갖는 포용적인 성격을 깨닫지 못한 소치입니다.

4장 _ 복과 고난, 동전의 양면 같은 관계

아브라함은 하나님과 매우 밀착된 교제를 가졌던 사람이었습니다. 하나님은 그와 직접 대화하셨고 주의 천사들이 그의 장막까지 들어와서 친밀한 교제를 나누었습니다(창 18:23~33). 여호와께서는 "내가 하려는 것을 아브라함에게 숨기겠느냐"(창 18:17)고까지 말씀하셨습니다. 이 같은 친숙한 관계 때문에 아브라함을 가리켜 '주의 벗'이라고 칭했습니다(대하 20:7). 그런데 하나님이 자신의 벗에게 어떤 요구를 하셨습니까?

"여호와께서 이르시되 네 아들 네 사랑하는 독자 이삭을 데리고 모리아 땅으로 가서 내가 네게 일러 준 한 산 거기서 그를 번제로 드리라"(창 22:2).

하나님과 온전한 교제 안에는 고난의 교제도 포함되어 있습니다. 하나님 자신도 우리와 온전한 교제를 위해 먼저 고난을 겪으셨다는 사실을 기억하십시오. 우리에게 독생자를 내어주신 분이 누구입니까?

아브라함에게 이삭을 바치라고 하신 것은 하나님의 아들 예수 그리스도의 십자가 희생의 고난에 대한 희미한 예표였습니다. 하나님은 자기 백성들이 그리스도의 고난에 맺혀 있는 하나님 아버지의 사랑을 체험적으로 깨닫길 원하십니다. 그래서 바울도 이렇게 외쳤습니다.

"내가 그리스도와 그 부활의 권능과 그 고난에 참여함을 알려 하여 그의 죽으심을 본받아 어떻게 해서든지 죽은 자 가운데서 부활에 이르려 하노니"(빌 3:10~11).

복 있는 사람도 고난 받는다

참 믿음은 결코 그리스도인의 삶에서 모든 어려움과 고난을 제거시켜 주지 않습니다. 오히려 참된 믿음으로 인해서 내가 어렵고 힘든 상황 속으로 들어가게 되는 경우가 더 많습니다. 참 믿음은 사실상 내 것이 아니고 하나님이 내려주시는 은혜의 선물입니다(히 12:2, 롬 12:3).

그러나 내가 받는 이 믿음의 복이 고난 제거에 대한 보장이나 순탄한 삶의 증거는 아닙니다. 물론 그리스도인이 되었다고 해서 언제나 고난의 삶을 살아야 하고 어떤 문제도 해결되지 않는다는 말이 아닙니다. 다만 하나님과의 복된 교제가 온전해지려면 고난의 과정을 거치게 되는 것이 그리스도인들의 공통된 체험이라는 것입니다.

히브리서 11장에는 수많은 믿음의 선열들이 나옵니다. 그 중에는 믿음으로 적들을 무찌른 기드온, 삼손, 다윗 같은 용장들이 있었지만 어떤 이들은 믿음을 지니고서도 조롱을 받기도 하고 채찍에 맞기도 하고 결박을 당하거나 톱으로 켜이기도 하며 순교까지 했습니다. 하지만 이들은 "하나님의 뜻대로 고난을 받는 자들"(벧전 4:19)이었습니다.

복과 고난의 관계가 밀착되었다는 사실은 신구약성경이 다같이 증언합니다. 욥의 경우를 들지 않더라도 시편 기자나 예레미야 혹은 하박국과 같은 선지자들이 의인의 고통에 대해 여러 번 이야기했습니다(욥 21:1~26, 시 73:1~28, 렘 12:1~4, 13). 또한 신약의 사도들도 예수님의 예고대로 직접 고난을 당하면서 그리스도인들의 복이 지닌 고난의 측면을 역설했습니다(벧전 2:19~25, 4:12~16).

복과 고난은 서로 배치되는 듯한 개념입니다. 복이 있으면 고난이 없고, 고난이 있으면 복이 없다고 생각하는 것이 사람의 논

리입니다. 그러나 성경의 논리는 복 속에 고난이 있고 고난 속에 복이 있다는 것입니다.

20세기의 예언자로 알려진 토저(A. W. Tozer)는 이렇게 말했습니다. "하나님이 우리에게 깊은 상처를 내지 않고서 과연 우리를 깊이 복 주실 수 있는지 의심스럽다."

이 말에는 상당한 진리가 들어 있습니다. 욥이 고난을 받았기에 자신의 무지를 깨닫고 회개할 수 있었으며 하나님의 능력과 섭리를 전혀 새롭게 이해했고 처음 복보다 더 많은 복을 받을 수 있었습니다(욥 42:1~6, 12~17). 종교개혁 때도 화형주가 있었기에 그 위에서 성경의 진리와 믿음이 불타올랐고 수많은 영혼들에게 진리에 대한 확신과 헌신을 자아내게 하는 영감이 되었던 것입니다.

하나님이 세운 족장들의 고난

고난은 그리스도인의 생활 속에 불가불 들어 있는 엄연한 삶의 현실입니다. 아브라함은 '복의 근원'이었습니다. 복의 근원에는 고난이 없어야 한다는 것이 우리의 사고방식이라면 아브라함에게는 모든 일이 형통했어야 했고 고난도 반드시 없어야 했을 것입니다. 그렇지 않다면 '복의 근원'이라는 말 자체가 모순일 것입니다.

하지만 아브라함의 일생이 결코 순탄하지는 않았습니다. 그가 모든 것을 버리고 하나님이 지시하는 땅으로 갔을 때 무슨 일들이 있었습니까? 그가 도착한 곳은 앉아서 호의호식하는 태평천지가 아니었습니다.

아브라함은 가나안 땅에서 기근을 당해 애굽으로 피난길에 올라야 했고(창 12:5, 10), 적의 침입으로 전쟁을 겪어야 했으며(창 14:11~16), 다른 족속들과의 이해 충돌로 갈등을 겪어야 했습니다(창 21:25).

아브라함의 아들이었던 이삭도 마찬가지였습니다. 성경에는 "아브라함이 죽은 후에 하나님이 그의 아들 이삭에게 복을 주셨고"(창 25:11) 라고 분명히 기록되어 있습니다.

그렇지만 이삭은 결혼 후 20년이 지나도 자식을 볼 수 없는 고난을 당했습니다(창 25:20, 26). 그 후에도 흉년을 겪어야 했고(창 26:1), 블레셋 사람들과 그랄인들에게서 우물 때문에 큰 고통을 받아야 했습니다(창 26:14~22).

야곱의 경우에도 하나님은 "내가 너와 함께 있어 네가 어디로 가든지 너를 지키며 너를 이끌어 이 땅으로 돌아오게 할지라 내가 네게 허락한 것을 다 이루기까지 너를 떠나지 아니하리라"(창 28:15)고 약속해 주셨습니다.

그러나 야곱은 라반에게 속임을 당하며 20년간 고생했습니다(창 31:3, 41). 그는 나중에 다시 가나안 땅으로 돌아오게 되었고 얍

복 강변에서 하나님의 복을 다시 받았지만(창 32:29), 그의 딸 디나가 세겜 땅에서 강간을 당했습니다(창 34:1~2). 그 후에도 야곱은 벧엘에서 또다시 하나님의 복을 받았지만 그가 벧엘을 떠나기가 무섭게 그의 사랑하는 아내 라헬이 출산 직후 사망했습니다(창 35:9~20).

그러므로 하나님이 주시는 복은 고난이 전혀 없다는 말이 아닙니다. 다만 고난이 있음에도 불구하고 끝내 지켜 주신다는 하나님의 신실성을 약속해 주는 것이 하나님이 주시는 복의 진의입니다(창 35:5).

욥기의 중요한 교훈도 어째서 의인이 고난을 당하는가라는 질문보다 그런 환난들이 있음에도 불구하고 하나님은 신실하시기 때문에 우리가 고통 중에서도 능히 경배할 가치가 있으신 분이라는 사실입니다.

예수님을 따르던 그리스도인들의 고난

고난은 예수님의 십자가가 있었다고 해서, 즉 예수님이 모든 고난과 죄를 다 짊어지고 가셨다고 해서 내가 지고 가야 할 고난이 없고 그분이 채찍에 맞았으므로 내 몸의 모든 질병이 다 치유되었다는 식의 주장은 이사야 53장 5절을 현세 중심의 복 구절로 오해한 해석입니다.

예수님은 "자기 십자가를 지고 나를 따를 것이니라"(막 8:34)고 명령하셨습니다. 이것은 예수 그리스도의 십자가 사건 이후에 기록된 다음의 몇몇 구절들만 살펴봐도 고난이 얼마나 깊이 교회나 그리스도인 개개인에게 젖어 있는 하나님의 뜻인지 분명히 알 수 있습니다.

"그가 내 이름을 위하여 얼마나 고난을 받아야 할 것을 내가 그에게 보이리라"(행 9:16).
"우리가 하나님 나라에 들어가려면 많은 환난을 겪어야 할 것이라"(행 14:22).
"우리가 그와 함께 영광을 받기 위하여 고난도 함께 받아야 할 것이니라"(롬 8:17).
"그리스도께서 이미 육체의 고난을 받으셨으니 너희도 같은 마음으로 갑옷을 삼으라"(벧전 4:1).
"오히려 너희가 그리스도의 고난에 참여하는 것으로 즐거워하라"(벧전 4:13).
"선을 행함으로 고난을 받고 참으면 이는 하나님 앞에 아름다우니라 이를 위하여 너희가 부르심을 받았으니"(벧전 2:20~21).
"그러므로 너는 내가 우리 주를 증언함과 또는 주를 위하여 갇힌 자 된 나를 부끄러워하지 말고 오직 하나님의 능력을 따라 복음과 함께 고난을 받으라"(딤후 1:8).

고난은 믿음이 어린 자에게는 이해하기 힘든 요소입니다. 그러나 우리가 성숙해지면 하나님은 고난을 통해 승리하신다는 것을 알게 됩니다. 하나님이 예수님의 고난의 십자가를 통해 승리하셨듯이, 그분을 믿는 그리스도인들의 삶에서도 고난의 체험들을 통해 승리의 삶을 살게 하십니다.

그러므로 만사가 형통한다는 의미에서 '범사에 잘되는 것'을 복이라고 생각하고 영혼에도 육신에도 고난이나 질병이 없어야 한다는 주장은 세속적인 복 개념을 성경구절에 덮어씌운 무리한 해석입니다.

세속의 기복 종교는 고난을 받지 않고 지상의 수많은 복만을 받기 위하여 신들을 돈으로 달래고 굽실거리며 온갖 접대로 환심을 사려고 합니다. 그러나 성경의 하나님은 십자가의 고난을 자신의 생애에서도 인정해야 진정으로 주님을 따를 수 있다고 말씀하십니다.

영혼의 구원을 받았다고 해서, 내가 헌금을 꼬박꼬박 낸다고 해서, 내가 임의로 작정한 어떤 복을 받기 위해 '믿습니다! 주시옵소서!'라고 목청을 높여 부르짖는다고 해서 하나님이 내가 마땅히 지고 가야 할 나의 십자가를 거둬 가시지는 않습니다. 그런 뜻에서 하나님이 특별히 잘 봐 주시는 그리스도인은 한 사람도 없습니다.

고난 속의 선물, 복

하나님은 우리를 위로하시고 도와주시며 후대해 주십니다(시 13:6). 그러나 무사태평한 데서 우리를 돕고 위로하고 선대하는 것이 아닙니다. 바울의 진술을 들어 보십시오.

"우리의 모든 환난 중에서 우리를 위로하사 우리로 하여금 하나님께 받는 위로로써 모든 환난 중에 있는 자들을 능히 위로하게 하시는 이시로다"(고후 1:4).

시편에도 "곤란 중에 나를 너그럽게 하셨사오니"(시 4:1)라고 고백되어 있습니다. 그런데 이 말은 하나님이 환난 자체를 반드시 없애 준다는 뜻은 아닙니다.

만일 우리가 환난과 상관없다면, 환난 밖의 어떤 복도 체험하지 못할 것입니다. 또한 내게 환난이 없다면 내가 하나님께로부터 특별히 받을 위로도 없을 것입니다.

환난이나 고난 자체가 결코 좋은 것은 아닙니다. 그러므로 억지로 환난과 고난을 자청해서 받을 필요는 없습니다. 성경은 그릇된 행실로 빚어지는 환난과 고난은 받아서는 안 된다고 금했습니다.

"너희 중에 누구든지 살인이나 도둑질이나 악행이나 남의 일을 간섭하는 자로 고난을 받지 말려니와"(벧전 4:15).

다만 하나님이 각 그리스도인들에게 지워 주는 십자가가 있으며 반드시 있어야 한다는 것이 교회를 위한 하나님의 분명한 뜻입니다. 이 환난의 뜻을 숙지해야만 복의 참뜻을 바르게 파악하여 기복적인 종교의 복 사상에 미혹되지 않습니다.

성경적인 복은 고난과 밀착된 개념입니다. 그래서 성경은 심지어 "너희가 그리스도의 이름으로 치욕을 당하면 복 있는 자로다"(벧전 4:14)라고 이야기합니다. 복에는 고난이 서려 있고 고난에는 복이 담겨 있습니다. 이 사실을 시편 기자는 다음과 같이 읊었습니다.

"여호와 나의 하나님이여 주께서 행하신 기적이 많고 우리를 향하신 주의 생각도 많아 누구도 주와 견줄 수가 없나이다 내가 널리 알려 말하고자 하나 너무 많아 그 수를 셀 수도 없나이다"(시 40:5).

그러나 이처럼 넘치는 복에 비해 고난도 넘친다는 사실을 "수많은 재앙이 나를 둘러싸고"(시 40:12)라고 덧붙였습니다. 시편 34편 19절에도 "의인은 고난이 많으나 여호와께서 그의 모든 고난에서 건지시는도다"라고 고백되었습니다. 이 사실은 신약에서도

마찬가지입니다.

"그리스도의 고난이 우리에게 넘친 것같이 우리가 받는 위로도 그리스도로 말미암아 넘치는도다"(고후 1:5).

하나님의 후한 복 못지않게 고난도 넉넉히 받는 것이 그리스도인들의 공통된 체험입니다.

5장 _ 고난을 통해 얻는 6가지 복의 의미

고난이 복이 된다는 말은 본능적으로 고난을 싫어하는 우리에게는 별로 달가운 말이 아닙니다. 그러나 고난의 적극적인 측면을 성경이 제시해 주기 때문에 고난의 복은 객관적인 진리가 되며, 고난을 대하는 그리스도인의 바른 자세가 세워지게 됩니다. 고난을 통해 얻는 복의 의미는 다음과 같이 여섯 가지로 요약될 수 있습니다.

십자가 구속의 의미를 더 깊이 이해한다

고난은 예수님의 생애를 살펴볼 때 그리스도인에게 진정한 복의 의미를 부여해 줍니다. 고난은 예수님이 먼저 거쳐 가시고 "본을 끼쳐 그 자취를 따라오게"(벧전 2:21) 한 것이므로 주님의 고난에 동참하는 특권이 됩니다.

다시 말해 고난을 통해서 예수 그리스도의 수치와 고통을 나누게 되어 십자가의 구속을 더욱 깊이 이해하는 복을 받습니다. 바울은 이 복을 부활의 능력처럼 귀하게 여기고 고난과 부활의 관계를 밀착시켰습니다.

"내가 그리스도와 그 부활의 권능과 그 고난에 참여함을 알고자 하여 그의 죽으심을 본받아 어떻게 해서든지 죽은 자 가운데서 부활에 이르려 하노니"(빌 3:10~11).

우리는 이상스럽게 행복할 때보다 불행할 때 하나님에 대해 더욱더 잘 배웁니다. 웃음이 많은 때보다 눈물이 많은 때 하나님의 임재를 더 가까이 느낄 수 있는 것은 하나의 역설입니다.

또한 우리는 고난을 통해 고난을 깨닫는 존재들입니다. 그래서 성경에 나오는 고난의 말씀들은 나 자신이 눈물과 고통의 계곡을 지나본 경험이 있을 때 비로소 그 의미를 이해하는 경우가 많습니다. 예를 들어 욥기는 나 자신의 고난의 체험 여부에 따라 대단히 뜻 깊은 공감의 책이 될 수도 있고 아니면 어렵고 이해할 수 없는 말씀이 되기도 합니다.

이런 뜻에서 그리스도인은 십자가의 의미도 고난의 체험적인 삶을 살아가는 동안에 점차 더 깊이 깨닫게 된다고 말할 수 있습니다.

그리스도인의 성품이 연마된다

그리스도인으로서 받는 고난은 우리가 예수 그리스도에게 속했다는 것과 하나님의 공의로운 심판을 신뢰하는 믿음의 표현이므로 복된 것입니다(벧전 2:23). 이런 고난 속에서 가장 복된 것은 그리스도인의 성품이 함양되는 점입니다.

고난을 통해서 우리의 성품이 연마되게 하는 것이 하나님의 뜻입니다. 고난을 체험하면서 이를 극복해가는 과정에서 그리스도인들의 성품이 연마되기 때문에 바울은 이렇게 고백했습니다.

"우리가 환난 중에도 즐거워하나니"(롬 5:3).

이 같은 고난의 체험은 "죄에 대하여 죽고 의에 대하여 살게" 하는 예수 그리스도의 구속이 십자가의 고난을 통해 성취되었듯이 그리스도인이 받아 누리는 구속의 삶도 고난을 통해 깊어지고 성숙됩니다.

그리스도인의 소망을 다져 준다

그리스도인들은 인간의 이기심과 죄에 대해 도전하기 때문에 고난과 핍박을 피할 수 없는 숙명을 지니고 있습니다(요 15:19). 또한 자신의 죄를 위해서도 "피 흘리기까지"(히 12:4) 싸워야 하는 고통스런 투쟁이 있습니다. 이 같은 고난은 내가 주님을 사랑한다는 것을 드러내는 믿음의 반사경입니다.

주님에 대한 그리스도인의 사랑은 십자가를 내가 얼마나 사랑하는가에 달려 있습니다. 다시 말해 주님의 죽음이 죄에 대해 죽는 나의 고난의 투쟁 속에서 체현될 때 복된 승리의 신앙생활이 됩니다.

그렇게 사는 사람들에게는 하늘의 보상이 약속되어 있으므로 낙심하지 않고 오히려 기뻐할 수 있는 적극적인 위로와 격려의 복을 받습니다(살후 1:7~10). 그래서 고난은 그리스도인의 소망을 다져 줍니다.

"거짓으로 너희를 거슬러 모든 악한 말을 할 때에는 너희에게 복이 있나니 기뻐하고 즐거워하라 하늘에서 너희의 상이 큼이라"(마 5:11~12). "오히려 너희가 그리스도의 고난에 참여하는 것으로 즐거워하라 이는 그의 영광을 나타내실 때에 너희도 즐거워하고 기뻐하게 하려 함이라"(벧전 4:13).

하나님만을 바라보게 한다

그리스도인의 고난은 하나님께 대한 충성과 선행의 결과로 받게 될 때 복이 됩니다.

"또 악으로 선을 대신하는 자들이 내가 선을 따른다는 것 때문에 나를 대적하나이다"(시 38:20).

이런 애매한 핍박 앞에서 그리스도인은 하나님을 생각하고 슬픔을 참습니다. 그래서 고난은 그리스도인으로 하여금 기도의 사람이 되게 하며 하나님을 크게 의존하게 하므로 가치가 있는 것입니다. 더구나 선을 행하고 받는 것이므로 하나님이 보실 때는 아름답습니다(벧전 2:19~20, 마 5:10~12).

하나님의 쓰시는 사람으로 단련시킨다

징계로 받는 고난은 내가 하나님의 자녀라는 반증이 되고 동시에 단련을 통해 하나님의 거룩한 성품에 참예하게 됩니다(히 12:10). 곧 아버지가 자기 자식을 징계하듯이 하나님 아버지도 자기 자녀들에게 고난의 채찍을 드시므로 이는 하나님의 사랑과 나에 대한 깊은 관심을 확증해 줍니다. 또한 징계를 통해서 하나님께 회개하고 더 가까이 주께 나아갈 수 있으며 고집스럽고 교만하며 곁길로 빠지는 나의 불순종을 바로잡을 수 있습니다.

"주께서 그 사랑하시는 자를 징계하시고 그가 받아들이시는 아들마다 채찍질하심이라"(히 12:6).
"무릇 징계가 당시에는 즐거워 보이지 않고 슬퍼 보이나 후에 그로 말미암아 연단 받은 자들은 의와 평강의 열매를 맺느니라"(히 12:11).

요셉의 생애는 단련의 관점에서 고난의 복을 이해하는 데 많은 도움이 됩니다. 요셉은 아버지의 편견 때문에 버릇이 나쁜 아이였습니다. 그러나 그는 나중에 애굽의 총리가 되었습니다. 그때 그는 자신이 겪었던 고난 뒤에 하나님이 서 계셨다고 고백했습니다(창 45:5~8). 한편 시편 기자는 요셉의 고난을 이렇게 해석했습니다.

"한 사람을 앞서 보내셨음이여 요셉이 종으로 팔렸도다 그 발은 차꼬를 차고 그 몸은 쇠사슬에 매였으니 곧 여호와의 말씀이 응할 때까지라 그 말씀이 그를 단련하였도다"(시 105:17~19).

요셉은 애굽의 총리가 되었지만 형제들의 미움을 받아 구덩이에 던져졌고, 종으로 팔렸으며, 애매한 옥살이를 겪었습니다. 그

가 하나님의 진정한 종으로서 쓰임을 받기까지 22년간이라는 장구한 세월이 고난 속에서 흘러야 했습니다. "여호와의 말씀이 응할 때까지" 요셉은 구렁텅이와 쇠사슬의 단련을 받아야 했던 것입니다.

19세기 스코틀랜드의 신학자며 농촌 목회자였던 토마스 보스턴은 자신을 포함해서 가족들이 모두 허약한 관계로 늘 병마에 시달렸습니다. 더구나 그의 아내는 정신질환으로 오래 고생했고 벽촌에서 갖가지 어려움을 겪으며 목회한 사람이었습니다. 그러나 그가 저술한 책들은 지금도 널리 읽혀지는 고전이 되어 많은 사람들에게 큰 유익을 끼치고 있습니다. 그는 자신이 하나님께로부터 받은 복에 대해 이렇게 간증했습니다. "내게는 하나님의 복이 여러 겹의 철문을 통해서 옵니다. 이것이 하나님께서 내게 사용하시는 통상적인 섭리의 방법입니다."

히브리서의 저자처럼 "연단 받은 자들은 의와 평강의 열매"(히 12:11)를 맺습니다. 의의 열매는 시련이 가져다주는 긍정적인 소득입니다. 고생을 좀 해보아야 사람이 된다는 말이 있듯이 단련을 통해서 인간의 성품이 연마된다는 것은 일반적인 진리입니다. 욥이 그 대표적인 실례입니다. 하나님은 욥의 고난을 통해 그리스도인이 하나님과 갖는 신앙의 관계가 어떤 것인지 사탄에게 증명하시길 원하셨습니다. 욥은 자신의 고난을 통해 우선 죄를 깊이 통감하며 회개할 수 있었습니다.

"내가 주께 대하여 귀로 듣기만 하였사오나 이제는 눈으로 주를 뵈옵나이다 그러므로 내가 스스로 거두어들이고 티끌과 재 가운데에서 회개하나이다"(욥 42:5~6).

욥은 고통의 뒤안길에서 탄식하며 괴로워했지만 그것들은 욥으로 하여금 그전보다 훨씬 더 깊고 두터운 차원에서 하나님을 신뢰하게 했고 고난 중에서도 자기의 주를 저버리지 않는 높은 경지의 신앙인이 되게 했습니다.

하나님의 임재를 느낄 수 있다

고난은 불시험의 풀무불 속에서 함께 하시는 하나님의 임재(단 3:19~27)와 풍랑의 배를 향해 바다 위를 걸어오시는 능력의 주님을 만나게 하는 귀한 체험을 마련해 줍니다(마 14:24~25). 하나님의 위로와 능력의 임재는 내가 "사망의 음침한 골짜기"(시 23:4)를 지날 때 더 한층 절실히 느낄 수 있습니다. 그래서 고난은 그리스도인들에게 용기와 확신을 심어 주는 기쁨의 원천이 됩니다.

고난 속에 있을 때 하나님의 임재가 얼마나 절실히 느껴질 수 있는지는 여러 그리스도인들의 간증에서 자주 듣는 고백입니다. 우리가 잘 아는 존 번연은 감옥에서 천로역정을 썼고, 아름답고 고아하며 영적인 향기로 가득 찬 라더포드(Rutherford, 17세기 스코틀

랜드 목사)의 서한집도 스코틀랜드 에딘버러의 춥고 배고픈 유배생활 속에서 쓰여졌습니다.

바울의 옥중 서신은 더 말할 나위도 없습니다. 바울의 그 같은 옥중 고난이 우리에게 얼마나 큰 복이 되고 있습니까! 고난 속에서 하나님의 임재를 느꼈던 사람들의 간증은 언제나 우리의 마음을 감동시킵니다. 바울은 로마로 가던 배가 풍랑을 맞아 "구원의 여망마저 없어"(행 27:20)졌을 때 "내가 섬기는 하나님의 사자가 어제 밤에 내 곁에 서"(행 27:23) 계셨다고 증언했습니다. 그래서 바울은 "우리가 환난 중에도 즐거워하나니 이는 환난은 인내를, 인내는 연단을, 연단은 소망을 이루는 줄 앎이로다"(롬 5:3~4)라고 고백했습니다.

6장 _ 복을 소망하는 그리스도인의 자세

고난 속에서 복을 간구하는 그리스도인들의 자세는 영적 복의 분량을 재어 주는 저울이 됩니다. 우리는 고난을 받으면서 고난이 마치 경건의 표시라도 되듯이 '고난을 더 주소서'라고 자학적인 요청을 할 필요는 없습니다. 그러나 고난 속에서 내가 바라는 복의 동기와 목적을 어디에 두느냐 하는 것은 대단히 중요한 과제입니다.

위대한 하나님의 사람, 아브라함과 다윗

아브라함의 예를 먼저 들어 봅시다. 그는 소돔성의 심판 소식을 듣고 간곡한 중재기도를 올렸습니다. 소돔성에는 그의 친족인 롯의 가족들이 살고 있었습니다. 그러나 아브라함의 최대 관심은 일차적으로 롯의 구원이 아니고 하나님의 공의와 명예에 있었습니다.

"주께서 이같이 하사 의인을 악인과 함께 죽이심은 부당하오며 의인과 악인을 같이 하심도 부당하니이다 세상을 심판하시는 이가 정의를 행하실 것이 아니니이까"(창 18:25).

그러니까 아브라함이 소돔성을 위해 기도한 것은 얼핏 보면 단순히 조카인 롯 때문에 중재한 듯하지만 실은 하나님의 심판이 세상 사람들의 눈에 불공평하게 여겨질까 봐서 공의의 심판을 탄원한 것이었습니다. 그렇기 때문에 하나님은 아브라함의 기도를 들어주셔서 의로운 롯이 악인들과 함께 망하지 않도록 구원해 주셨습니다(창 19:29).

또한 아브라함이 롯과 초장 문제로 집안끼리 싸움이 생기게 되자 자기들이 다투면 이웃에 사는 가나안 족속들과 브리스 사람들의 손가락질을 받아 하나님께 욕이 된다고 판단했습니다. 그래서 아브라함은 자기가 차지할 수 있는 좋은 땅을 롯에게 양보함으로써 주님의 영광을 가릴 뻔했던 집안싸움을 막았습니다(창 13:5~17).

아브라함은 소돔 왕과의 관계에서도 의연한 영적 자세를 취했습니다. 그는 자신이 얼마든지 전리품을 취할 권리가 있었지만 소돔 왕이 자기를 치부하게 했다는 말을 듣지 않으려고 이방인 왕의 재물을 거절했습니다. 그가 자신의 기득권을 포기했을 때 하나님은 이렇게 말씀하셨습니다.

"이 후에 여호와의 말씀이 환상 중에 아브람에게 임하여 이르시되 아브람아 두려워하지 말라 나는 네 방패요 너의 지극히 큰 상급이니라"(창 15:1).

성경에서 다른 예를 찾아본다면 시편 38편입니다. 여기서 다윗은 마음과 육신의 질병을 괴로워하고 있습니다. 그러나 시편 38편을 자세히 읽어 보면 다윗이 정말 두려워하고 관심을 쏟고 있는 일은 자기 질병이나 죄보다 자기로 인해서 원수들이 하나님의 이름을 욕되게 할까 봐 염려한 것이었습니다(시 38:16, 20, 비교/ 삼하 12:4, 롬 2:24). 주기도문의 처음 부분도 하나님의 이름이 거룩히 여김을 받게 해 달라는 것입니다. 그러므로 고난 중에 간구하더라도 개인의 사사로운 복 받기에 급급하기보다 하나님의 명예가 자신의 연약함과 부끄러운 행실로 인해 가리지 않도록 탄원해야 합니다. 영적인 사람은 하나님의 이름이 조롱받거나 무시당하는 것을 몹시 싫어합니다.

"사람들이 종일 내게 하는 말이 네 하나님이 어디 있느뇨 하오니 내 눈물이 주야로 내 음식이 되었도다"(시 42:3).

"여호와여 그들의 얼굴에 수치가 가득하게 하사 그들이 주의 이름을 찾게 하소서 그들로 수치를 당하여 영원히 놀라게 하시며 낭패와 멸망을 당하게 하사 여호와라 이름하신 주만 온 세계의 지존자로 알게 하소서"(시 83:16~18, 비교/ 왕상 18:36~37).

이처럼 믿음의 사람은 하나님의 영광을 가리게 하는 거침돌이 있다면 그것이 어떤 종류의 것이든 자신의 이해관계를 떠나서 제거되길 갈망합니다. 그러므로 그 소원 속에는 나 자신의 행복과 내 가족의 안일무사와 나 개인의 영예가 선두에 나오지 않습니다. 주님의 거룩하신 뜻과 그분의 영광에만 심령이 골똘히 잠긴 그리스도인은 자신의 처지를 초월해 하나님의 이름이 높여지길 바라는 차원 있는 기도를 올리게 됩니다. 이런 뜻에서 복을 위한 그리스도인의 기도는 역설적이지만 하나님을 위한 복의 간구여야 합니다.

고난을 만나는 잘못된 태도

하나님을 위한 복의 간구를 하려면 무엇보다 고난에 대한 올바른 자세가 필요합니다. 예배나 교회의 가르침이 개인이나 자기

교회의 물질적 복을 받고 못 받는데 치중해 있거나 신앙생활이 가시적이고 물량적이며 성공과 실패에 대한 세속적인 표준에 빠져 있으면 고난을 통해 익힐 수 있는 귀한 영적 교훈과 신령한 복에 눈멀고 맙니다. 그렇게 되면 고난을 당할 때 무조건 마귀의 짓이라고 내몰며 쫓아내어야 한다고 흥분하기 쉽습니다. 물론 마귀도 있고 마귀를 쫓아내는 하나님의 능력도 존재합니다. 그러나 고난에 대한 이 같은 부정적인 태도는 그리스도의 십자가를 통해 받는 복의 진의나 하나님의 보다 깊은 뜻에는 관심이 없다는 반증입니다. 하나님이 우리를 구원하시려는 것 중의 하나가 바로 이 같은 고난에 대한 그릇된 자세입니다.

우리는 이기적이고 교만한 근성을 잘 버리지 못합니다. 그래서 자아는 높은 자리에 앉히고 하나님은 무슨 하인이나 되는 듯이 부리려는 엉뚱한 착각에 빠져 하나님께 온갖 요구를 들이밀며 내놓으라고 성화를 부릴 때가 많은 듯합니다. 마치 하나님이 우리의 요구를 모두 충족시켜 줄 의무와 책임이라도 있는 듯이 말입니다. 심지어 자기가 스스로 망쳐 놓은 일들까지도 마귀의 짓이니 응당 하나님이 알아서 책임져야 한다는 식으로 우기고 그것이 큰 믿음인 양 자기 확신에 사로잡히기도 합니다.

그러나 하나님은 우리의 종이 아닙니다. 하나님은 물론 우리를 극진히 사랑하십니다. 그래서 "우리가 아직 죄인 되었을 때에 그리스도께서 우리를 위하여 죽으심으로 하나님께서 우리에게 대한 자기의 사랑을 확증"(롬 5:8)하셨습니다. 바로 이 사실 때문에 우리는 더욱 우리의 처지를 명심해야 합니다. 우리는 "티끌이나 재"(창 18:27)와 같은 존재입니다. 이 말은 믿음의 조상인 아브라함이 한 말입니다. 아마 혹자는 우리가 예수 그리스도의 구속으로 의롭게 된 귀한 그리스도인이지 티끌이 아니라고 말할는지 모릅니다. 옳은 말씀입니다. 그러나 동시에 그리스도인은 하나님이 예수 그리스도의 보혈 때문에 거룩하게 된 의인으로 봐 주시는 참으로 황송하기 그지없는 은혜의 호칭임을 기억해야 합니다.

아브라함이 자기를 티끌로 본 것은 의인이 되기 이전의 말이 아니고 하나님이 그의 믿음을 의로 여겨 주신 이후의 고백이었습니다(창 15:6, 18:27). 우리는 하나님이 무한히 거룩하시고 위대하신 반면에 나는 미물에 지나지 않는다는 사실을 알아야 합니다. 이것은 근거 없는 자기 비하가 아닙니다. 물론 그리스도의 대속으로 우리는 하나님의 은혜의 보좌 앞으로 담대히 나아갈 수 있는 사람들입니다(히 4:16). 하지만 우주의 보좌에 좌정하신 만군의 여호와는 너무도 원대하신 분이십니다. 그분의 지혜와 능력과 활동은 우리 인간들의 상상을 초월합니다. 모든 "영광과 위엄과 권력과 권세"(유 1:25)가 하나님께 속한 것입니다. 이처럼 크신 하나님을 두려워해야 합니다(잠 9:10). 그래야만 하나님을 나의 억지나 내가 짜낸 이교적인 복의 공식 속에 집어넣고 이것저것 내놓으라고 울부짖고 요구하는 무엄한 버릇을 고칠 수 있습니다.

믿음은 곧 헌신입니다. 자기를 던지고 바쳐야 하는 것이 믿는 사람의 기본자세입니다(롬 12:1). 하나님께 무엇을 받아내려고 생각하며 우격다짐 식으로 매달리는 것은 엄밀한 의미에서 하나님을 나의 채무자로 취급하는 행동입니다. 하나님은 내게 빚진 것이 없습니다. 내가 오히려 하나님께 무한한 빚을 진 사람입니다. 예수님의 제자들이 처음에 가졌던 큰 문제가 바로 주님을 채무자로 간주한 것이었습니다. 그래서 예수님이 십자가의 길을 가시게 되자 그로부터 아무것도 받아낼 수 없다는 사실을 깨닫고 모두 주님을 버렸던 것입니다.

믿음과 기도응답의 진정한 의미

흔히 자기가 원하는 것을 구체적으로 이름을 대면서, 전혀 문맥을 무시한 성경구절 한두 개를 소원 성취를 보장하는 약속의 말씀으로 내세우며 간절히 기도하는 모습을 봅니다. 여기에는 일방적인 요구만 있을 뿐 하나님의 선한 뜻이 어디에 있는지 깨닫거나 알아보려는 여지가 전혀 고려되지 않습니다. 그렇다면 만약 내가 처한 어떤 어려운 형편이 주께서 나를 단련하시고 혹은 나를 겸비하게 하기 위한 방편으로 쓰여진다면 어떻게 하겠습니까?

초대교회 교인들은 수많은 박해를 받으면서 믿음생활을 했습니다. 그들은 고난을 당할 때마다 하나님께 편안한 삶을 살게 해

달라고 빌지 않았습니다. 그들은 자신들의 삶에서 가장 중요한 일이 주님의 복음을 전파하는 것임을 깨닫고 "담대히 하나님의 말씀을 전하게 하여"(행 4:29) 달라고 기도했습니다. 그들은 모든 일에 있어서 하나님의 수권을 먼저 인정했고 교회가 받는 핍박을 그리스도의 수난에 연결시켜 이해하려고 애썼습니다(행 4:25~28). 사도들은 많은 기적을 행했지만 투옥되기가 일쑤였고 굶주림과 헐벗음을 당했습니다. 그러면서도 그들은 모든 고난들이 없어지도록 기도하지 않았습니다. 그들은 오히려 자신들이 받는 박해를 당연히 기뻐했기 때문입니다.

"사도들은 그 이름을 위하여 능욕 받는 일에 합당한 자로 여기심을 기뻐하면서 공회 앞을 떠나니라"(행 5:41).

그들은 오로지 지금까지 행해왔던 그대로 복음을 전하게 해 달라고 하나님께 간구했습니다. 하나님은 그들의 기도를 들어주셨습니다. 그러나 박해가 그치게 된 것은 아니었습니다. 사도들은 그 이후에도 계속 투옥되었고 교인들은 여러 가지 환난을 겪었습니다. 하지만 하나님은 그들이 "성령이 충만하여 담대히 하나님의 말씀을"(행전 4:31) 전하게 하셨습니다.

하나님의 뜻이 어떻게 되었든지 불편한 것은 모두 거두어 가 주셔야 한다고 호소하는 일방적인 요청 기도는 참 믿음의 자세와

는 너무도 다른 것입니다. 참 믿음은 모든 기도에서 먼저 그의 나라와 그의 의를 구합니다(마 6:33). 내 욕심에 사로잡혔거나 자기 일신상의 편안만을 추구하는 기도는 참 믿음에서 나온 것이 아닙니다.

참 믿음은 하나님이 때로는 내게 시련을 주시기도 하며 궁핍과 질병과 기타 정신적 고통들을 허용하신다는 사실을 믿고 이를 순순히 받아들입니다. 참 믿음은 진정한 복이 반드시 재물의 획득이나 질병의 완치나 어떤 사회적 진출에 국한된 것이 아님을 믿습니다. 참 믿음은 때로는 하나님이 내가 처한 고난을 제거시키지 않으시면서 그 대신 내가 그 고통을 극복할 수 있도록 인내를 주시는 분임을 믿습니다. 참 믿음은 때로는 하나님이 나의 병을 낫게 하지 않으시면서 건강한 몸으로 살 때보다 훨씬 더 큰 은혜를 끼칠 수 있음을 믿습니다. 그래서 때로는 하나님이 병든 사람을 회복하지 않으시고 죽음과 함께 새 소망을 주시는 분임을 알고 이를 기꺼이 받아들입니다.

하나님은 인생의 풍랑들을 잔잔하게도 하십니다(막 4:35~41). 그러나 모든 인생들의 풍파가 언제나 잔잔하게 되는 것은 아닙니다. 같은 주님의 사도들이었지만 갈릴리 호수를 지났던 제자들의 배는 풍랑을 맞았을 때 배도 건지고 목숨도 건졌으며 목적지에 무사히 도착했습니다(요 6:16~21). 그렇지만 사도 바울이 탔던 배는 14일간 풍랑에 시달렸고 마침내 파선되었습니다. 그러나 바울도 목적지인 로마에 안착했습니다(행 27장). 하나님은 여러 방법으로 자기 자녀들을 훈련시키시고 기르십니다. 그러므로 하나님의 그런 주권적인 방법들이 지닌 오묘한 뜻들을 헤아리면서 선한 인내를 받아야 합니다. 그래야만 참 믿음이 가져다주는 진정한 복을 받게 될 것입니다.

주님은 물론 "너희가 내 이름으로 무엇을 구하든지 내가 행하리니"(요 14:13)라고 약속하셨습니다. 그러나 예수님의 이름으로 기도하는 사람은 자신의 복을 간구하기 전에 먼저 하나님의 영광을 구하는 자입니다. 왜냐하면 예수님이 우리에게 이 같은 약속을 하신 까닭이 우리의 기도를 들어주심으로써 하나님께 영광이 돌아가게 하기 위해서라고 요한복음 14장 13절 뒷부분에 기록되어 있기 때문입니다.

"이는 아버지로 하여금 아들을 말미암아 영광을 받으시게 하려 함이라"(요 14:13).

이처럼 하나님의 영광을 내 기도의 동기와 목적과 내용으로 삼는다면 나의 공리적인 타산에서 나온 자기중심적인 기도를 올릴 수 없고, 감히 하나님께 내가 임의로 작정한 요구사항을 채워 달라고 떼를 쓰지 않을 것입니다. 오직 하나님의 뜻을 잘 살피면서 겸비한 자세로 주님께 영광이 되길 소원하는 기도만이 고난의 고

통을 신령한 복의 차원으로 승화시킬 것입니다.

우리가 만일 내 기분에 맞도록 주시기만 하는 하나님을 사랑하고 따른다면 우상숭배에 끌려들 위험이 있습니다. 이 말은 하나님이 자기 백성들을 격려하기 위해서 때때로 간절한 마음의 소원을 전혀 안 들어 주신다는 말이 아닙니다. 하나님은 내게 필요한 것들을 대어 주시면서 믿음이 자라게도 하시고 하나님이 나의 기도를 들어주시는 분이라는 것을 배우게도 하십니다. 그래서 하나님을 더욱 신뢰하게 하고 열심을 내게도 하십니다. 그러나 만일 하나님이 내 기도의 내용이나 하나님의 주권적인 인도의 계획에 상관없이 무조건 하나님의 자식이니까 내 소원을 들어수시고 내가 믿음으로 간구하니까 반드시 응답해 주신다고 생각하면 하나님을 크게 오해하는 것입니다. 그렇게 생각하는 순간부터 오히려 믿음은 자라지 않고 신앙은 유치한 기복 종교의 모습으로 퇴색됩니다.

재물 때문에 하나님을 버렸던 이스라엘

우리는 과거 이스라엘 백성들이 기복 사상의 세속적 영향을 받아 바알을 섬겼던 사실을 기억해야 합니다. 그들은 가나안의 바알신이 풍성한 농산물을 공급해 준다고 생각했습니다. 그들에게 중요한 것은 '누가' 내게 복을 주느냐는 것이 아니고 나만 좋아해 주고 '복'만 주면 누구든지 따른다는 것이었습니다.

"이는 그가 이르기를 나는 나를 사랑하는 자들을 따르리니 그들이 내 떡과 내 물과 내 양털과 내 삼과 내 기름과 내 술들을 내게 준다 하였음이라"(호 2:5).

이스라엘 백성들은 자기들에게 도움이 되는 신이 참 신이라고 믿었습니다. 쉽게 말하면 내가 이 세상을 사는데 우선 먹고 사는 문제를 도와주고 내 가족을 건강하게 해주며 사회적으로나 심적으로나 또는 경제적으로 편안하게 해주는 일에 도움을 못주는 하나님이라면 무슨 소용이 있느냐는 것입니다. 다음은 야곱의 서원 기도입니다.

"하나님이 나와 함께 계셔서 내가 가는 이 길에서 나를 지키시고 먹을 떡과 입을 옷을 주시어 내가 평안히 아버지 집으로 돌아가게 하시오면 여호와께서 나의 하나님이 되실 것이요 내가 기둥으로 세운 이 돌이 하나님의 집이 될 것이요 하나님께서 내게 주신 모든 것에서 십분 일을 내가 반드시 하나님께 드리겠나이다"(창 28:20~22).

한 마디로 신은 언제나 내 편이 되어서 나를 위해 주어야만 그 존재 가치가 있다는 것입니다. 결국 가치의 표준은 실용성입니

다. 이것은 하나님의 영광이 아닌, 사람의 영광을 앞세우는 인본주의의 전형적인 사고방식입니다.

여기에서 두 가지 문제가 지적될 수 있습니다. 첫째, 인간은 하나님의 형상을 따라 지음을 받은 피조물입니다. 그래서 인간은 하나님께 소속된 존재입니다. 자신의 원형이 하나님께로부터 나왔기 때문입니다.

둘째, 인간이 피조물이라면 자신의 진정한 복지를 위해 어떤 것이 '도움'이 되는지 정확하게 아는 자는 창조주 하나님이십니다. 그런데 인간이 창조주의 존재 가치를 자신의 유용성에 따라 결정한다면 수객이 뒤바뀐 것입니다.

인간은 하나님의 창조 의도에 따라 살아야 마땅합니다. 그것은 곧 하나님의 영광을 드러내는 존재로서 머무는 것입니다. 그런데 하나님의 영광의 표출은 인간의 방법이나 지혜나 능력에 있지 않고 하나님 자신의 깊은 뜻에 있습니다. 이 뜻은 인간을 죄로부터 구원하여 온전하고 흠이 없는 자녀들로서 재창조하는 섭리 속에서 드러납니다. 이 구원의 섭리에 따라 하나님은 각 개인의 필요와 도움이 어떤 것인지 주권적으로 결정하시고 그에 따라 양식을 공급하기도 하시고 고난을 허락하기도 하시며 기타 환경적인 상황들을 이모저모 사용하십니다.

그렇기 때문에 내가 생각하는 나의 필요와 도움은 하나님의 계획과 판단과는 전혀 딴판일 수 있습니다. 그리스도인들이 때때로 자신들에게 닥치는 부정적인 일들을 보고 당황하는 이유가 여기에 있습니다. 그래서 우리가 "하나님의 선하시고 기뻐하시고 온전하신 뜻이 무엇인지"(롬 12:2)를 분별하지 못하고 이 세대의 사상을 본받으면 하나님을 시녀처럼 취급하는 일방적인 청구 기도에 붙잡혀서 자신의 진정한 필요와 도움을 깨닫지 못하게 됩니다.

많은 그리스도인들이 기복적인 신앙의 테두리에서 주저앉아 있는 원인의 하나는 하나님의 구원의 섭리 속에는 시련과 시험이 있다는 사실을 수용하지 못하기 때문입니다. 실용주의적인 가치관에서 보면 시련과 시험은 없는 것이 복입니다. 그래서 하나님께 무사태평을 위해서, 오로지 잘되기만을 위해서 기도합니다. 그러나 그리스도인들의 삶에서 시련과 시험이 다 제거된다면 교회에는 어린아이들만이 남게 될 것이며 하나님의 나라는 전혀 자랄 수 없을 것입니다.

타락한 인간들이 하나님을 신뢰하고 물질보다 하나님을, 나의 영광을 위한 복보다 하나님의 영광을 위한 복 쪽으로 마음을 돌리려면 시련과 시험이 있어야 합니다. 그것이 내 영혼이 잘되고 내가 범사에 복을 받아 온전한 하나님의 자녀로서 성숙해가는 유일한 지름길입니다.

우리가 어려움 속에서 자라야 한다는 사실을 망각하고 시련이나 시험의 역할을 온통 부정적으로만 간주하면 이스라엘 백성처

럼 하나님이 아닌 바알신을 따를 위험이 커지게 됩니다. 누가 무엇을 위해서 왜 어려움을 허락하시는지 잘 생각해 보고 주님의 선한 구원의 섭리를 배워 가면서 올리는 기도가 아닐 때 우리는 쉽게 바알신의 유혹에 넘어갑니다. 바알이 시련 없이 내게 떡도 주고 포도주도 주며 내 소원을 다 들어준다면 구태여 여호와 하나님을 의지할 필요가 없을 것이기 때문입니다.

　이스라엘 백성들은 바알신이 그들의 영혼을 좀먹는 악의 세력이라는 사실에 눈뜨기까지 많은 환난을 겪어야 했었고 그 중에는 바알신과 여호와 하나님을 구별하지 못하다가 멸망당한 백성들도 있었습니다. 하나님은 우리의 필요를 아십니다. 하나님은 우리에게 정말 무엇이 필요하다는 것을 정확히 아시는 분입니다. 하나님은 우리에게 어떤 종류의 도움이 있어야 한다는 것을 확실히 아십니다. 하나님은 우리에게 진정으로 꼭 필요하고 반드시 있어야 할 도움이라고 판단하시는 것들을 넘치게 주시길 원하십니다. 그런데 그것들은 나의 소원과 다를 수 있습니다. 우리는 내가 판단하는 나의 필요와 도움에 하나님이 그대로 응해 주시길 바랄 것이 아니라, 하나님이 나를 영광스러운 하는 자녀로서 키워 나가시고 가꾸어 나가시는 데 반드시 있어야 할 것으로 하나님이 판단하시는 필요와 도움에 나의 소원을 맞추어야 합니다. 그래야만 하나님이 기뻐하시고 원하시는 주님의 형상을 닮아가게 될 것입니다.

가장 작은 것과 함께 하시는 하나님

하나님은 우리의 의식주에 관심이 있으십니다. 하나님은 들의 꽃늘도 입히시고 공중의 새들도 먹이시는 분이기 때문입니다. 그러나 하나님은 고난과 시련 속에서도 우리를 먹이시고 입히시며 잠재우길 원하시는 분입니다.

예수님은 공중에 나는 새와 들의 백합화가 '어떻게' 자라는가 생각해 보라고 교훈하셨습니다(마 6:28, 눅 12:24). 하늘 아버지께서 과연 그들을 '어떻게' 기르십니까? 그들을 어떤 환경 속에서 어떻게 돌보십니까? 새들은 자유의 푸른 창공을 납니다. 그러나 하늘에도 비가 내리고 태풍이 몰아칩니다. 들꽃들은 들판에서 핍니다. 그러나 들판에도 폭우가 내리고 강풍이 붑니다. 청공(晴空) 하늘에도 먹구름이 덮이고 따스한 대지에도 찬이슬이 내립니다. 그럼에도 하늘에는 여전히 새들이 날고, 들에는 야생화가 핍니다. 이것이 하나님의 능력입니다.

한편 푸른 하늘을 넓게 나는 공중의 참새는 갑자기 두려움과 걱정에 싸이기도 합니다. 맑은 하늘이 폭풍우로 가려질 수 있기 때문입니다. 작은 참새는 자유의 창공에서 더 이상 날지 못하고 땅으로 밀려나기도 합니다. 그래도 하나님은 새날의 광명을 작은 참새 한 마리를 위해 허락하십니다. 하나님은 강풍을 재우시고 폭우를 멈추게 하십니다. 하나님은 작은 참새에게 온 창공을 다

주십니다. 참새는 다시 높고 넓은 하늘을 마음껏 날아다닐 수 있습니다. 이것이 하나님의 자비입니다.

나도 인생의 창공에서 먹구름을 만나고 큰비를 맞습니다. 내 삶의 터전이 나를 속박하고 나를 밀어내며 내게 두려움을 주기도 합니다. 그래도 하나님은 나를 다시 푸른 하늘을 향해 날게 하십니다. 이것이 하나님의 능력입니다.

"오직 여호와를 앙망하는 자는 새 힘을 얻으리니 독수리의 날개치며 올라감 같을 것이요"(사 40:31).

들에 핀 백합꽃은 화려한 옷으로 단장하고 나와도 어느새 옷이 갈기갈기 찢기고 온몸이 상처투성이가 되어 버립니다. 길고 긴 겨울을 참고 고이 접어 둔 현란한 꽃잎을 피워 올렸건만 몹쓸 벌레가 다 먹어치우고 맙니다. 그래도 들에는 백합꽃이 여전히 피어납니다. 들판은 벌레들이 득실거려도 계속 아름다운 야생화가 아픔과 상처를 안고 찬란한 모습으로 나타나길 그치지 않습니다. 이것이 하나님의 선한 뜻입니다.

나도 인생의 들판에서 한 송이 들꽃을 피우며 삽니다. 나의 부드러운 살결이 벌레에 물려 찢겨지고 멍듭니다. 그래도 하나님은 내 몸에서 새 잎사귀와 새 꽃들이 줄곧 피어나게 하십니다. 하나님은 내가 아픔을 딛고 손실을 무릅쓰며 다시금 웃는 얼굴로 인생의 들판 위에 나타나게 하십니다. 이것이 하나님의 보람입니다.

한 마리의 참새는 자유의 창공을 날아다닙니다. 하지만 그 넓은 하늘은 고독한 창공일 수 있습니다. 아무리 자유롭게 훨훨 날 수 있는 하늘이라도 바람과 폭우가 완전히 제거된 창공은 존재하지 않습니다. 그래도 청공의 비상(飛上)을 위한 소망과 의지는 폭풍우로 나의 부드러운 깃털이 다 젖고 나의 고운 날개가 다 꾸겨진 이후에 더욱 새롭게 솟아오릅니다. 이것이 하나님의 섭리입니다.

한 송이 백합화는 솔로몬의 영광보다 더 나은 모습으로 차려입고 빈들에서 삽니다. 하지만 그곳은 뼈아픈 고통의 현장일 수 있습니다. 아무리 아름다운 백합화를 피어나게 하는 대지라도 벌레나 가뭄이 완전히 제거된 땅은 존재하지 않습니다. 그래도 다시 피어나고 싶은 염원은 내 몸의 잎사귀들이 다 뜯겨진 이후에 더욱더 강렬해집니다. 이것이 하나님의 격려입니다.

공중의 새와 들의 백합화가 '어떻게' 자랍니까? 그들은 폭우와 광풍 속에서, 벌레와 가뭄 속에서 살아가고 있습니다. 그래도 그들은 여전히 하늘을 날고, 여전히 들에서 꽃을 피웁니다.

하늘 아버지께서 우리를 '어떻게' 기르십니까? 새 하늘과 새 땅에서의 영원한 삶을 위해서, 하나님은 우리를 폭풍우의 하늘과 병충들의 땅에서 기르십니다. 태풍 없는 온전한 하늘과 벌레 없는 완전한 대지는 아직은 우리의 것이 아닙니다. 하지만 시련과

시험의 날들이 지난 이후에 우리는 폭우도 병충도 없는 신천지에서 영원히 주님과 함께 살 것입니다.

그러나 그때가 오기까지 우리네 인생의 창공과 대지에는 나의 날개가 젖고 나의 꽃잎을 뜯기는 고통과 아픔이 있습니다. 그날이 오기까지는 눈물과 고통이 있고, 질병과 죽음이 있습니다.

넓고 푸른 청천(晴天) 하늘을 마음껏 날던 새들도 마침내 떨어집니다. 눈부신 색채로 피어난 들의 꽃들도 마침내 시들어 버립니다. 그러나 그들이 어디에 떨어지며 어디에서 시듭니까? 이 세상이 아닙니까? 그런데 이 세상이 누구의 것입니까? 하나님의 것입니다! 그렇다면 공중의 새들과 들의 백합화가 누구의 장중에 떨어지고 시든단 말입니까? 전능하신 창조주 하나님의 영원하신 손 안이 아니겠습니까!

우리는 살아도 하나님의 손 안에서 살고 죽어도 역시 하나님의 손 안에서 죽습니다. 하나님이 우리를 기르시고 돌보십니다. 하나님이 우리를 새 하늘과 새 땅으로 옮기십니다. 비록 시련과 고통의 뒤안길을 지나서라도 하늘 아버지께서 우리를 사랑과 섭리와 능력과 지혜의 팔로 인도하시고 영원한 구원의 완성을 위해 지금도 일하고 계십니다.

그러므로 시련과 고난 앞에서 새 하늘과 새 땅의 실현을 위한 주님의 소망이 나의 온갖 인생의 폭우와 병충들에도 불구하고 마침내 이루어지길 간구해야 할 것입니다.

이해할 수 없는 고난을 대하는 그리스도인의 자세

한편 고난에는 내가 전혀 이해할 수 없는 측면들이 있습니다. 아무리 주님의 영광을 위해 기도를 해도 그대로 계속되는 고난이 있고 전혀 무의미한 듯한 고통들도 적지 않습니다(시 44:22~26, 73:4~5, 합 1:2~4).

그러므로 고난 앞에서 우리는 더욱 겸허해야 하고 하나님을 더 한층 신뢰해야 합니다. 우리는 우리의 고난을 다 설명하지 못합니다. 그럴지라도 고난은 그리스도인이 거쳐야 할 불가결한 믿음생활의 현실입니다. 십자가에 달리신 예수님을 향해 원수들이 어떻게 조롱하고 모욕했습니까?

"네가 너를 구원하여 십자가에서 내려오라 하고 그와 같이 대제사장들도 서기관들과 함께 희롱하며 서로 말하되 그가 남은 구원하였으되 자기는 구원할 수 없도다 이스라엘의 왕 그리스도가 지금 십자가에서 내려와 우리가 보고 믿게 할지어다 하며 함께 십자가에 못 박힌 자들도 예수를 욕하더라"(막 15:30~32).

하나님이 자기 아들까지라도 이 같은 치욕적인 고난을 십자가 위에서 당하게 하셨다면 그를 따르는 우리 그리스도인들에게도 부활의 복이 있기 이전에 겟세마네의 어두운 밤과 나를 버리시는 듯한 십자가의 고뇌의 절규가 따를 때도 있다는 것을 기억해야 할 것입니다(마 27:46).

이 같은 고난의 의미를 모르면서 지상의 복만을 위해 '주여! 주여!' 부르짖고 '믿습니다! 아멘!'이라고만 외치는 것은 하나님의 신령한 구원을 기복적인 세속 종교로 전락시키려는 불신의 행위입니다. 믿음생활 속에는 주님의 이름을 위하여 내가 피하지 말고 달게 받아야 할 고난도 엄연히 존재합니다.

"주님 때문에 내가 욕을 먹고, 온갖 모욕을 다 받았습니다. 친척에게 따돌림을 당하고, 어머니의 자녀들에게마저 낯선 사람이 되고 말았습니다"(시편 69:7~8, 표준새번역).

7장 _ **하나님**이 주시는 **복**

하나님은 이스라엘 백성들에게 지상의 복에 대해 자세하게 말씀하셨습니다. 예를 들어 신명기 28장 1~14절, 레위기 26장 3~13절, 시편 128편 등을 읽어 보면 복이라는 복은 거의 다 열거되어 있습니다. 그야말로 자식 잘되고 내 몸 건강해지고 가정에 풍파 없고 사업 잘되고 나라가 태평합니다. 그러나 이런 복이 있기 때문에 예수를 믿어야겠다고 생각한다면 그것은 사탄의 주장과 일치합니다.

"사탄이 여호와께 대답하여 이르되 욥이 어찌 까닭 없이 하나님을 경외하리이까 주께서 그와 그의 집과 그의 모든 소유물을 울타리로

두르심 때문이 아니니이까 주께서 그의 손으로 하는 바를 복되게 하사 그의 소유물이 땅에 넘치게 하셨음이니이다 이제 주의 손을 펴서 그의 모든 소유물을 치소서 그리하시면 틀림없이 주를 향하여 욕하시 않겠나이까"(욥 1:9~11).

그리스도인의 복이 궁극적으로 영적인 복이라는 것은 이미 살펴보았습니다. 다시 반복한다면 지상의 복은 하나님을 따르는 사람으로 하여금 더 깊고 심대한 영적인 복을 간절히 바라게 하려는 데 본뜻이 있었습니다. 즉 그리스도인에게 앞으로 더 넘치는 신령한 복이 하늘에 쌓여 있다는 것을 예견하게 하는 일종의 시각적이고 실체적인 교육 자료의 의미가 큰 것이었습니다. 이것이 신약에서보다 구약에서 물질적인 복에 대한 언급이 많이 나오는 이유의 하나입니다.

하나님이 설계하신 세상만물과 영혼의 풍요로움

복이라는 말이 가장 먼저 나오는 곳은 창세기입니다. 복은 하나님의 창조와 직결된 매우 중요한 개념입니다. 하나님은 모든 생물계를 창조하시고 복을 내리셨습니다.

"하나님이 그들에게 복을 주시며 이르시되 생육하고 번성하여 여러

바닷물에 충만하라 새들도 땅에 번성하라 하시니라"(창 1:22).

하나님은 또 아담과 하와에게 이렇게 말씀하셨습니다.

"하나님이 그들에게 복을 주시며 하나님이 그들에게 이르시되 생육하고 번성하여 땅에 충만하라, 땅을 정복하라, 바다의 물고기와 하늘의 새와 땅에 움직이는 모든 생물을 다스리라 하시니라"(창 1:28).
"하나님이 그 일곱째 날을 복되게 하사 거룩하게 하셨으니 이는 하나님이 그 창조하시며 만드시던 모든 일을 마치시고 그 날에 안식하셨음이니라"(창 2:3).

여기서 복은 생육, 번성, 다스림, 안식의 개념을 안고 있습니다. 그런데 첫 창조의 복 개념은 성경 전체의 사상적 흐름에서 보면 궁극적으로 그리스도 안에서 완성될 영적인 재창조 사역의 화살표라는 사실을 알 수 있습니다.
다시 말해 생육과 번성은 자손이나 목축 및 농작물의 다산을 가리킵니다. 물론 여기에는 건강이나 장수가 포함됩니다. 성경의 여러 곳에서 족보가 언급되는 까닭도 가문의 번성과 관계된 것으로서 하나님의 복이 이어지고 있다는 시사입니다. 그런데 이런 가문의 번창과 존속은 구속의 역사 첫 부분부터 예수 그리스도에게 초점이 잡혀 있습니다.

"내가 너로 여자와 원수가 되게 하고 네 후손도 여자의 후손과 원수가 되게 하리니 여자의 후손은 네 머리를 상하게 할 것이요 너는 그의 발꿈치를 상하게 할 것이니라"(창 3:15).

바울은 갈라디아서 3장 16절에서 '여자의 후손'을 예수 그리스도에 대한 예언으로 해석하고 또한 4장 4절에서 "때가 차매 하나님이 그 아들을 보내사 여자에게서 나게" 하셨다고 지적함으로써 창세기 3장 15절을 예수 그리스도에 대한 예언으로 적용시켰습니다.

'여자의 후손'이라는 말은 애초에 하나님이 복 주신 생육과 번성이 계속될 것을 전제한 말씀이었습니다. 그리고 땅을 정복하고 모든 생물을 다스리라는 말씀도 사탄을 정복하고 그의 권세를 꺾으실 그리스도 안에서 하나님의 백성들이 누리게 될 왕 노릇에 대한 시사입니다(딤후 2:12, 계 20:4, 6). 생육과 번성의 주제는 결국 예수 그리스도를 통해 받게 될 "새 생명"(롬 6:4)에 대한 것이며 안식일의 안식 또한 그리스도의 십자가 구원이 완성되는 데 대한 복을 예표하는 것입니다.

신약의 거울을 통해 본 구약의 복

구약의 복 개념과 복에 대한 많은 약속들은 신약의 관점에서

새롭게 이해되어야 합니다. 예를 들어 영적 복의 중심 내용이 되는 영생에 대한 가르침은 예수님의 부활 사건이 있기 이전에는 충분히 설명될 수 없는 제한적인 성격을 띠고 있었습니다. 그래서 구약에서는 지상적이고 물질적인 차원에서 하나님 안에서 누리게 될 영적인 복들을 간접적으로 예시해야 했습니다.

그러나 신약에서는 예수님의 지상 생애와 부활 및 그의 가르침으로 영생의 계시가 뚜렷이 드러났으므로 가시적인 물질의 복을 놓고 영원한 영적 복을 설명할 필요가 없게 되었습니다. 오히려 현세의 것들보다 질적으로 훨씬 우수한 신령한 세계의 관점에서 지상 생활의 사물들을 조명하게 되었으므로 구약에서 다룬 문맥과는 사뭇 다른 목적과 관점에서 물질에 대한 교훈을 주셨습니다.

"하나님의 나라는 먹는 것과 마시는 것이 아니요 오직 성령 안에 있는 의와 평강과 희락이라"(롬 14:17).

신약이 구약처럼 물질적인 복을 동일한 맥락에서 다루지 않는 이유는 무엇보다도 예수님의 십자가가 있기 때문입니다. 다시 말해 하나님이 우리를 보살펴 주고 사랑해 준다는 사실이 십자가의 희생에 의해 확연히 증명되었으므로 이스라엘 백성들에게 했듯이 먹고 입히는 수단을 통해 하나님의 보호와 사랑을 실제적으로 보여 줄 필요가 원칙적으로 없어진 셈이었습니다.

따라서 그리스도인들에게 대한 하나님의 보살핌도 신약에서는 구약에서처럼 출애굽이나 광야나 가나안 복지의 물질적인 복을 내세우지 않고 자기 아들까지 내어주신 그리스도의 십자가를 강조하고 있습니다.

"자기 아들을 아끼지 아니하시고 우리 모든 사람을 위하여 내주신 이가 어찌 그 아들과 함께 모든 것을 우리에게 주시지 아니하겠느냐"(롬 8:32).

이와 같은 이유에서 물질에 대한 언급도 신약에서는 주로 구속받은 하늘 시민으로서의 사랑의 원리(요일 4:7~11)와 새로운 가치관에 따라 평가되고 있습니다. 다시 말해 주는 것이 받는 것보다 복이 있으며(행 20:35), 재물이 넉넉한 자는 가난한 이웃을 도와야 하며(막 10:21, 요일 3:17), 재물에 대한 욕심으로 영적 성장이 막히는 위험을 경계해야 한다는 것입니다(눅 8:14).

또한 물질의 복이 없더라도 주의 크신 사랑을 의심하지 말고 인색하지 말며(고후 8:2) 영적인 풍요를 바라면서 믿음으로 살아야 한다는 것이 물질생활에 대한 신약의 문맥입니다.(눅 6:20, 롬 8:32).

예를 들어 베드로가 예수님께 자신은 모든 것을 버리고 주님을 따랐다고 말하자 예수님은 이렇게 대답하셨습니다.

"현세에 있어 집과 형제와 자매와 어머니와 자식과 전토를 백 배나 받되 박해를 겸하여 받고 내세에 영생을 받지 못할 자가 없느니라"(막 10:30).

이런 복의 내용은 단순한 지상적인 복의 영역을 훨씬 넘어선 포괄적이며 영적인 요소를 지니고 있습니다. 다시 말해 그리스도인은 하나님 나라의 권속이기 때문에 지상의 가족이나 재산의 범위를 초월하는 보다 크고 깊은 하늘 가족들과의 사랑의 교제와 보살핌을 받게 됩니다. 그러니까 지상의 복들이 영적인 신령한 복의 차원에서 조명된 것입니다.

8장 _ 복을 준비하시는 하나님

흔히 물질의 복을 강조하기 위해 "사랑하는 자여 네 영혼이 잘됨 같이 네가 범사에 잘되고 강건하기를 내가 간구하노라"(요삼 1:2)는 성경구절을 자주 인용합니다.

그러나 여기서 우리가 유의해야 할 것은 물질의 번창이나 개인의 성공이나 혹은 육신의 건강이 "네 영혼이 잘됨 같이"라는 영적 복에 이어서 나온다는 점입니다. 성경에서 말하는 물질의 복은 모두 영적 삶을 전제로 한 것입니다. 하나님이 우리에게 가지신 뜨거운 관심을 결코 물질생활 자체를 위한 것이 아니고 죄와 사망 아래 놓여 있는 죄인들의 가련한 영혼입니다. 그래서 영혼이 잘되지 않으면서 누리는 물질은 별 의미가 없습니다. 요한삼서의 주된 내용도 물질생활이기보다 "진리 안에서 행한다"(요삼 1:3)는 영적 삶입니다.

물론 물질 자체가 나쁜 것은 아닙니다. 처음부터 물질계를 창조하시고 그 소산을 인간들에게 주신 분이 하나님이었습니다(창 1:28~29). 하나님이 인간에게 몸을 주셨다는 사실은 의식주가 있어야 산다는 것을 하나님이 알고 계신다는 뜻입니다. 그래서 하나님은 참새 한 마리, 들판의 풀 한 포기까지도 돌보십니다. 그렇기 때문에 하나님의 이 같은 보살핌을 믿고 우리가 먼저 구해야 할 것은 "그의 나라와 그의 의"(마 6:33)이어야 한다는 것이 예수님의 가르침입니다.

우리가 늘 암송하는 주기도문에서도 일용할 양식보다 하나님의 나라가 먼저 임하게 되고 그의 뜻이 땅에서 이루어지게 해 달라는 기도가 앞서 나와 있습니다. 그러므로 영혼이 잘되고 있는 사람의 기도는 먼저 하나님 나라와 그의 뜻에 대한 이해와 성령의 인도를 받고 올리는 것이므로 자기중심적인 복에 집착되지 않습니다.

기도하는 자의 최대 관심이 하나님인지, 자기 자신인지에 따라 영에 속한 간구와 육에 속한 기원이 나누어지게 됩니다. 말할 나위 없이 하나님은 우리가 영에 속한 기도의 사람이 되길 원하십니다. 만일 영적인 기도에 관심을 두지 않으면 "네가 범사에 잘되고"라는 말을 이해할 수 없습니다.

끊임없이 찾아오는 복

아브라함에 대해서 성경은 이렇게 증언합니다.

"여호와께서 그에게 범사에 복을 주셨더라"(창 24:1).

하나님은 아브라함이 "복의 근원"이 되고 그에게 가나안 땅을 준다고 약속하셨습니다(창 12:2, 15:7). 그런데 아브라함은 죽을 때까지도 자기 아내를 묻기 위해 사들였던 변변치 못한 막벨라 밭 이외에 소유한 땅이 없었습니다(창 23:9, 17, 18). 스데반은 사도행전에서 하나님이 아브라함에게 "발 붙일 만한 땅도 유업을 주지 아니하시고"(행 7:5)라고 증언했습니다.

그렇다면 아브라함이 '범사'에 복을 받은 것이겠습니까? 약속으로 받은 가나안 땅 전체에 비해서 아브라함이 매장지로 구입한 땅이 무슨 가치가 있단 말입니까?

그래도 성경은 아브라함이 범사에 복을 받은 사람이라고 기록했습니다. 하지만 그가 땅을 소유하지 못한 것은 분명합니다. 그럼 어떻게 된 것일까요? 아브라함이 믿음이 적어서 약속의 땅을 못 받았거나 아니면 하나님이 약속을 어겼다고 보아야 합니까? 누가 감히 하나님을 불신실 한 분이라고 손가락질할 수 있겠습니까? 성경은 또한 아브라함을 믿음의 조상이라고 불렀습니다. 그러므로 우리는 아브라함이 범사에 복을 받았다는 말의 뜻을 달리 이해해야 합니다.

아브라함은 그의 생애 동안 여러 가지 일을 겪은 사람이었습니다. 그는 자신이 범사에 당했던 모든 사건들을 통해서 이 세상을 나그네로 산다는 귀한 영적 진리를 터득했습니다(히 11:9~10, 16). 다시 말해 범사의 일들 속에 비록 궂은 일들이 있더라도 그것들이 그로 하여금 세상 물질에 얽매이지 않고 가나안의 매장지를 초월하여 하늘에 속한 신령한 사물들을 바라보게 했으므로 복이 된 것이었습니다. 아브라함이 하늘 본향을 사모하며 믿음으로 약속을 기다리면서 죽었던 것은 가장 복된 그리스도인의 삶이었습니다. 그래서 그의 생애 전체를 묶어 살펴보면 '범사'에 복을 받은 셈이었습니다.

다시 말해 아브라함이 이 세상과 그리스도인과의 본질적인 관계가 무엇인지 바르게 파악하고 범사의 사건들을 대했기 때문에 그의 삶은 복된 것이었습니다. 또한 그는 그리스도 안에 있는 영원한 영적 복을 고대하며 사는 믿음을 가졌기 때문에 하나님의 복을 누리는 사람이 된 것이었습니다. 성경은 보지 못하고서도 하나님의 약속을 신뢰하고 인내하며 기다리는 삶을 복된 생애라고 말합니다.

따라서 하나님이 보실 때에는 아브라함의 순례길이 거칠고 험난했어도 '범사'의 일들이 합력하여 선을 이루는 복으로 판정된

것입니다. 이 사실은 요셉이 그를 판 형제들을 놓고서 증언했던 말에서도 확인될 수 있습니다.

"당신들은 나를 해하려 하였으나 하나님은 그것을 선으로 바꾸사 오늘과 같이 많은 백성의 생명을 구원하게 하시려 하셨나니"(창 50:20).

그러므로 범사에 잘된다는 말은 결코 모든 일에 형통한다는 뜻이 아닙니다.
그리스도인들의 삶은 만사형통보다 차라리 호사다마(好事多魔)라고 해야 더 정확합니다. 구속의 복을 받은 그리스도인들의 생활에는 고난이 많기 때문입니다.
그래서 범사에 복을 받는다는 말씀은 날마다 생활 속에서 일이 잘 풀려 나가서 지상의 복을 항상 받아 늘 소원이 성취되고 무엇이든지 구하는 대로 받는다는 뜻이 아닙니다. 이 말씀은 그리스도인들이 설혹 어려움을 겪더라도 하나님이 자신의 구속 의지에 따라 그리스도인들을 이끌어 주시고 붙잡아 주셔서 하나님의 크나큰 구원의 사랑과 능력을 깊이 깨닫고 감사하며 더욱더 영적 복들을 사모하게 된다는 것입니다. 그리스도인들에게는 범사가 결국 하나님이 의도하신 영적 삶의 목표를 지향하게 합니다. 이런 의미에서 로마서 8장 28절과 범사에 복을 받는다는 말은 서로 일치된 문맥을 안고 있습니다.

"우리가 알거니와 하나님을 사랑하는 자 곧 그 뜻대로 부르심을 입은 자들에게는 모든 것이 합력하여 선을 이루느니라"(롬 8:28).

후손에게 전파되는 복

주님은 아브라함에 대해 이렇게 증언하셨습니다.

"너희 조상 아브라함은 나의 때 볼 것을 즐거워하다가 보고 기뻐하였느니라"(요 8:56).

그리스도인의 진정한 복은 이와 같이 미래적입니다. 하나님 나라는 신약시대의 관점에서 보면 그리스도의 재림과 함께 완성될 것이기 때문에 현세보다 훨씬 더 미래에 속한 것입니다. 이런 뜻에서 바울은 "우리가 소망으로 구원을 얻었으매 보이는 소망이 소망이 아니니 보는 것을 누가 바라리요"(롬 8:24)라고 했습니다.

그리스도인들이 지상의 온갖 고난으로부터 해방되어 썩지 않는 온전한 몸의 구석을 이루기까지는 많은 인내와 불절의 소망이 필요합니다. 그것은 복의 대부분이 미래 지향적이며 천상적이기 때문입니다(창 27:27~29, 막 10:30, 계 4:10~11, 7:15~17, 22:35). 히브리서의 저자도 "믿음은 바라는 것들의 실상이요 보이지 않는 것들의 증거"(히 11:1)라고 했습니다.

중요한 것은 하나님의 약속이 지닌 복의 미래를 믿음과 신뢰의 자세로 바라보고 즐거워할 수 있어야 합니다. '범사에 복'을 받았던 아브라함의 진정한 복은 현세적인 것보다 그의 후손을 따라 태어날 메시아의 복에 결착된 것이었습니다. 그러므로 범사의 복은 이미 미래 지향적인 내용을 안고 있으며 '범사에 복'이 내린 것으로 판단되는 까닭도 미래의 온전한 복이 있기 때문입니다. 아브라함은 땅의 약속을 받고서도 자기 생애 동안 아무런 토지를 소유하지 못했지만 "믿음을 따라 죽었으며 …… 더 나은 본향을 사모"(히 11:13, 16) 했습니다.

하나님을 이처럼 신뢰하며 사랑하는 사람의 생애는 범사의 복을 받은 사람이며, 그런 복은 현세를 넘어 미래의 온전하고 충만한 복으로까지 이어집니다. 그것은 곧 "하늘에 속한 모든 신령한 복"(엡 1:3)입니다.

9장 _ 재물과 복을 함께 주관하시는 하나님

그리스도인들은 물질 자체를 나쁘게 보아서는 안 됩니다. 흔히 물질적이라는 말은 영적이라는 말과 반대되는 개념으로 사용하기 때문에 물질은 악하고 영은 선하다는 편견이 생깁니다. 그러나 이것은 헬라 사상입니다.

성경은 하나님이 물질계의 주인이시며 물질을 선한 목적으로 창조하셨고, 지으신 물질계에 만족하셨다고 증언합니다. 그런데 구약에서 하나님이 물질을 사용하신 데는 한 가지 뚜렷한 특징이 있습니다. 하나님은 무엇보다도 이스라엘 백성들에게 예수 그리스도 안에 있는 구원의 풍성함을 가르치길 원하셨습니다. 그래서 사용하신 것이 재물이라는 가시적이고 실제적인 방편이었습니다

다. 하나님은 다음 몇 가지 측면에 착안하여 재물을 사용하셨습니다.

첫째, 재물은 하나님이 주권적으로 원하시는 사람에게 허락됩니다. 재물의 획득에는 비록 인간의 노력과 재주를 요구하는 경우가 많다 하더라도 하나님이 허락하셔야 얻게 됩니다. 이 세상 재물은 원래 하나님의 창조 세계 안에 있는 것이기 때문입니다. 그러므로 재물은 하나님의 은혜입니다.

"어떤 사람에게든지 하나님이 재물과 부요를 그에게 주사 능히 누리게 하시며 제 몫을 받아 수고함으로 즐거워하게 하신 것은 하나님의 선물이라"(전 5:19).

재물이 하나님의 손에서 주어진 선물이라는 사상은 복음이 하나님이 주시는 은혜의 선물임을 예증적으로 설명할 수 있는 좋은 본보기였습니다.

"너희는 그 은혜에 의하여 믿음으로 말미암아 구원을 받았으니 이것이 너희에게서 난 것이 아니요 하나님의 선물이라"(엡 2:8).

둘째, 풍성한 재물은 예수 그리스도 안에서 재창조되어 누리는 하나님 나라의 복이 얼마나 큰 것인지를 실질적으로 대변하는 것이었습니다. 재물은 인간에게 부를 가장 실감나게 느끼게 하는 것이기에 하나님의 구원의 풍성함을 체험적으로 배우게 하는 방편이었습니다.

"우리가 그리스도 안에서 그의 은혜의 풍성함을 따라 그의 피로 말미암아 속량 곧 죄 사함을 받았느니라 이는 그가 모든 지혜와 총명을 우리에게 넘치게 하사"(엡 1:7~8).
"너희 마음의 눈을 밝히사 그의 부르심의 소망이 무엇이며 성도 안에서 그 기업의 영광의 풍성함이 무엇이며 그의 힘의 위력으로 역사하심을 따라 믿는 우리에게 베푸신 능력의 지극히 크심이 어떠한 것을 너희로 알게 하시기를 구하노라"(엡 1:18~19).

바울은 그리스도 예수 안에서 누리는 이 같은 엄청난 구원의 은혜를 한마디로 "측량할 수 없는 그리스도의 풍성"(엡 3:8)이라고 표현했습니다.

구원이 하나님께서 '주권'적으로 '풍성'하게 내리시는 '은혜'라는 사실을 염두에 두면, 재물은 거저 받는 하나님의 풍성한 선물이라는 점에서 예수 그리스도의 구원의 복음이 가져오는 놀라운 복을 예시하는 데 매우 적합한 것이었음을 쉽게 이해할 수 있습니다.

풍요로운 재물을 누린 하나님의 사람들

이제 실제로 하나님이 구약에서 재물을 어느 정도로 언약 백성들에게 허락하셨는지 알아봅시다. 우선 복의 근원이 된 아브라함의 경우를 보면 그가 하란 땅을 떠날 즈음에는 무명 인사였습니다. 그러나 그는 애굽으로 이주했다가 바로의 호의로 재산을 늘렸습니다.

"이에 바로가 그로 말미암아 아브람을 후대하므로 아브람이 양과 소와 노비와 암수 나귀와 낙타를 얻었더라"(창 12:16).
"아브람이 애굽에서 …… 아브람에게 가축과 은과 금이 풍부하였더라"(창 13:1~2).

이후에도 아브라함의 재산은 계속 불어나서 조카 롯과 함께 살 수가 없을 지경이었습니다.

"그 땅이 그들이 동거하기에 넉넉하지 못하였으니 이는 그들의 소유가 많아서 동거할 수 없었음이니라"(창 13:6).

아브라함의 종이 이삭의 아내를 구하기 위해서 라반에게 갔을 때 그는 이렇게 증언했습니다.

"여호와께서 나의 주인에게 크게 복을 주시어 창성하게 하시되 소와 양과 은금과 종들과 낙타와 나귀를 그에게 주셨고"(창 24:35).

사실상 이스라엘의 족장들은 아브라함을 위시해 모두 거부였습니다. 야곱의 재산에 대해 성경은 이렇게 증언합니다.

"이에 그 사람이 매우 번창하여 양 떼와 노비와 낙타와 나귀가 많았더라"(창 30:43).
"야곱이 라반의 아들들이 하는 말을 들은즉 야곱이 우리 아버지의 소유를 다 빼앗고 우리 아버지의 소유로 말미암아 이 모든 재물을 모았다 하는지라"(창 31:1).

그런데 아브라함처럼 야곱도 원래부터 재산이 많았던 인물이 아니었습니다. 야곱의 고백대로 그가 요단강을 건너 라반에게로 도망했을 때 그의 손에는 지팡이 하나밖에 없었습니다(창 32:10).
욥도 거대한 재산가였습니다.

"그의 소유물은 양이 칠천 마리요 낙타가 삼천 마리요 소가 오백 겨리요 암나귀가 오백 마리이며 종도 많이 있었으니 이 사람은 동방 사람 중에 가장 훌륭한 자라"(욥 1:3).

욥의 재산은 여기서 그치지 않고 훨씬 더 많이 증폭되었습니다.

"여호와께서 욥의 말년에 욥에게 처음보다 더 복을 주시니 그가 양만 사천과 낙타 육천과 소 천 겨리와 암나귀 천을 두었고"(욥 42:12).

솔로몬의 경우는 일개 족장이나 한 개인의 입장이 아니고 이스라엘의 왕이었기 때문에 그의 부는 세계열강의 부를 능가하는 것이었습니다.

"내가 또 네가 구하지 아니한 부귀와 영광도 네게 주노니 네 평생에 왕들 중에 너와 같은 자가 없을 것이라"(왕상 3:13).

열왕기의 기자는 솔로몬의 부요를 매우 구체적으로 진술했습니다.

"솔로몬의 하루의 음식물은 가는 밀가루가 삼십 고르요 굵은 밀가루가 육십 고르요 살진 소가 열 마리요 초장의 소가 스무 마리요 양이 백 마리이며 그 외에 수사슴과 노루와 암사슴과 살진 새들이었더라"(왕상 4:22~23).

솔로몬의 부귀는 열왕기상 10장에 열거되었는데 그의 금방패들과 정금 식기 및 상아로 된 보좌에 입힌 정금들은 부의 극치였습니다. 솔로몬의 재산은 천하 열왕보다 큰 것이었습니다(왕상 10:23).

하나님은 출애굽 세대들에게도 큰 재물을 허락하셨습니다.

"그들이 섬기는 나라를 내가 징벌할지며 그 후에 네 자손이 큰 재물을 이끌고 나오리라"(창 15:14).
"이스라엘 자손이 모세의 말대로 하여 애굽 사람에게 은금 패물과 의복을 구하매 여호와께서 애굽 사람들에게 이스라엘 백성에게 은혜를 입히게 하사 그들의 구하는 대로 주게 하시므로 그들이 애굽 사람의 물품을 취하였더라"(출 12:35~36).

부는 하나님이 이스라엘 백성들에게 허락하신 복의 하나였습니다. 그런데 이 물질적인 복은 장차 하나님이 보내실 메시아의 복을 상징하는 물량적이고 현재적인 선물이었습니다.

그러므로 재물의 많고 적음이 반드시 소유자의 의로움이나 하나님께 대한 순종과 비례하는 것은 아니었습니다. 가령 야곱은 재물을 모았지만 그의 축재 방법은 그릇된 경우가 많았습니다(창 30:25~43).

그래도 하나님은 그의 비윤리적인 재산 증식에도 불구하고 부

(富)를 계속 은혜의 상징으로 사용하셨습니다. 그것은 야곱이 하나님의 선택을 받은 사람이고 언약의 담지자였기 때문입니다.

야곱은 에서의 장자권과 그의 복을 가로챈 인물이었습니다(창 25:28~34, 27:35~36). 그는 원래 성품이 교활하고 속임수를 잘 쓰는 사람이었습니다. 그래도 그는 장자권이나 언약의 중요성을 귀히 여겼습니다. 그가 재물을 획득한 방법은 나빴을지라도 하나님께서 언약 백성에게 약속하신 복의 방편들에게 그가 부여했던 중요성은 하나님의 의도와 일치된 것이었습니다. 그래서 야곱이 이삭을 속이고 장자의 복을 받아낸 뒤 에서의 보복이 두려워 하란으로 도주할 때도 하나님은 그를 보호해 주셨고 언약을 다시 다짐해 주셨습니다(창 28:3, 14~15).

그러니까 이스라엘 백성들에게 있어서 재물의 소유는 그 소유자의 의로움에 대한 보상이기보다 하나님의 의로우심을 드러내기 위한 은혜의 수단이었습니다. 따라서 구약시대의 재물은 그 소유자가 하나님과 갖는 믿음과 신뢰의 관계 속에서 볼 때만 의미가 있었습니다.

솔로몬 왕의 경우도 마찬가지였습니다. 그가 많은 실수와 죄악을 저질렀음에도 불구하고 그의 은금은 계속 하나님 나라의 풍성함과 하늘에 있는 새 예루살렘의 영광을 예시하는 하나의 표징으로 쓰여졌습니다.

이스라엘 백성들이 애굽의 종살이를 청산하고 해방의 탈출을

했을 때도 그들의 손에 쥐어졌던 막대한 재물은 아브라함에게 하나님이 예고했던 약속의 성취였습니다. 그러므로 출애굽 당시의 재물도 언약적 의의를 지닌 것으로서 앞으로 있게 될 예수 그리스도 안에서 죄로부터의 해방이 지닌 하나님의 크나큰 은혜의 선물을 대변하는 것이었습니다.

이사야서에서는 메시아의 왕국이 지닐 영광을 열국의 보화가 시온으로 모일 것으로 예언했습니다.

"그 때에 네가 보고 기쁜 빛을 내며 네 마음이 놀라고 또 화창하리니 이는 바다의 부가 네게로 돌아오며 이방 나라들의 재물이 네게로 옴이라(사 60:5, 비교/ 사 61:6).

재물보다 재물을 주시는 하나님을 바라본 이스라엘

구약에는 물질의 복을 순종의 삶에 대한 하나의 보상으로 언급한 경우도 있습니다. 신명기 28장 1~14절이 대표적인 예입니다. 그러나 이 복에 대한 약속들도 하나님과의 언약관계에서 이해되어야 합니다. 그것은 무조건적인 사랑이며 주권적인 하나님의 선택에 따른 것이었습니다.

물질적인 복의 약속이 지닌 의미도 하나님께서 임의로 재물을 나눠 주시는 것이므로 수혜자 쪽에서 보면 거저 받는 선물입니다. 하나님이 허락지 않으면 아무리 노력해도 못 받는 게 재물이라는 것입니다. 그러므로 재물의 복은 궁극적으로 하나님의 주권적이고 자유로운 결정에 의한 것이지 인간의 어떤 공로에 의한 보상이 될 수 없습니다. 하나님은 누구에게도 빚진 것이 없으며 누가 무엇을 잘했다고 해서 반드시 상을 내려줘야 할 의무를 지닌 분이 아닙니다. 따져 보면 전혀 의인이 없는 세상이므로 누구도 자기 의(義)를 내세워 하나님의 복을 받아내지 못합니다.

신명기에서 복을 순종의 대가로 제시한 까닭은 먼저 이스라엘 백성들이 거저 주는 하나님의 은혜 가운데 들어와 있기 때문이며, 그들이 하나님이 주신 복으로 참뜻을 더 잘 깨닫게 하기 위해서 순종을 격려한 것이라 할 수 있습니다. 그러나 이것은 어디까지나 가나안에서의 새 생활을 염두에 둔 언약 백성으로서의 당연한 처신에 대한 교훈이며 본문의 강조점은 복 자체보다도 복의 수여자인 하나님 자신입니다. 이스라엘 백성들이 간과한 점이 바로 이것이었습니다.

신명기 28장 전체의 문맥이 제시하는 초점은 순종하면 물질의 복을 받고 불순종하면 저주를 받는다는 상거래적인 단순공식이 아닙니다. 설사 이 공식에 넣고 보더라도 본뜻은 하나님과 하나님이 아닌 것 중에서 어느 쪽을 더 사랑하겠느냐는 물음입니다. 결국 재물이나 기타 물질의 복 자체에 주안점이 있기보다 언약 백성으로서 하나님 자신과 그분의 임재를 은혜의 수단들과 그것

들이 제공하는 공의의 추구보다 더 갈구해야 한다는 것입니다.

그래서 하나님은 이스라엘 백성들이 재물보다 하나님을 더 귀히 여긴다는 사실이 확인되었을 때 거듭 복을 주시고 더 많은 재물을 맡기셨습니다. 예컨대 욥은 자신의 재물을 다 잃었을 때도 하나님을 배반하지 아니하고 그분의 주인 되심과 주권을 인정했습니다.

"이르되 내가 모태에서 알몸으로 나왔사온즉 또한 알몸이 그리로 돌아가올지라 주신 이도 여호와시요 거두신 이도 여호와시오니 여호와의 이름이 찬송을 받으실지니이다"(욥 1:21).

욥은 하나님이 사람을 "가난하게도 하시고 부하게도 하시며 낮추기도 하시고 높이기도 하시는"(삼상 2:7) 분임을 인정했습니다. 하나님은 이런 자세를 가졌던 욥에게 "처음보다 더 복을"(욥 42:12) 주셨습니다.

솔로몬도 하나님이 "내가 네게 무엇을 줄꼬 너는 구하라"(왕상 3:5)고 했을 때 재물보다는 '지혜'를 구했습니다. 그는 "먼저 그의 나라와 그의 의를"(마 6:33) 구했기에 재물을 포함하여 다른 모든 것들도 받았습니다. 구약성경에서 순종을 조건으로 제시한 듯한 복들은 사실상 하나님과의 사랑과 신뢰의 관계에 대한 확인이라고 할 수 있습니다.

그럼에도 이스라엘 백성들은 신명기 28장의 복 구절들을 순종만 하면 복 받는다는 공식 속에 묶어 놓았습니다. 그리고 순종은 율법을 어기지 않는 것으로 정의하고 복을 받기 위해 율법을 지켰습니다. 그 결과 율법의 근본정신보다 조문에 얽매였고 갖가지 위선과 형식에 사로잡혔습니다. 하나님 자신보다 은혜의 수단들에 매이면 언제나 동일한 결과가 초래됩니다.

이때부터 이스라엘 백성들에게는 하나님이 원래 의도하셨던 부의 상징적 의미가 사라지고 재물 자체의 경제적 가치만 고수되었습니다. 그들은 상징이 가리키는 실체에는 관심이 없고 상징 자체의 효용가치에만 집착했습니다. 하나님이 부여하지 않은 재화의 가치는 무의미하다는 것을 이스라엘 백성들은 수용할 수 없었습니다.

그러므로 부의 원천인 하나님이 무시되고 그분의 참뜻이 잊혀졌을 때 이스라엘 백성들은 커다란 민족적 재난에 빠졌고 망국의 수난 속에서 어제의 역사적 교훈을 되씹으며 실향민의 설움 속에서 언약 백성의 진정한 모습과 그들을 향한 하나님의 본뜻이 무엇인지를 새삼 깨달아야 했습니다.

모든 풍요의 결정체, 예수 그리스도

드디어 신약시대가 도래하자 하나님은 자기 외아들을 보내시

고 구약시대의 이스라엘의 부가 상징했던 실체의 주인공인 예수님을 통해 구원의 풍성함과 복음의 은혜가 과연 어떠한지 밝혀 주셨습니다.

"아버지께서는 모든 충만으로 예수 안에 거하게 하시고 그의 십자가의 피로 화평을 이루사 만물 곧 땅에 있는 것들이나 하늘에 있는 것들이 그로 말미암아 자기와 화목하게 되기를 기뻐하심이라"(골 1:19~20).

"이 비밀은 만세와 만대로부터 감추어졌던 것인데 이제는 그의 성도들에게 나타났고 하나님이 그늘로 하여금 이 비밀의 영광이 이방인 가운데 얼마나 풍성한지를 알게 하려 하심이라 이 비밀은 너희 안에 계신 그리스도시니 곧 영광의 소망이니라"(골 1:26~27).

그러므로 재물을 포함해 하나님이 구약시대에 사용하셨던 일체의 상징적 방편들은 더 이상 구원을 설명하는 영적 교재물이 될 수 없었습니다. 그것들은 모두 그림자요, 실체가 아니었습니다. 성전을 비롯한 제사 제도나 땅과 장수에 대한 약속들이 예수 그리스도의 오심으로 인해 온전히 성취되었기 때문입니다.

하나님께서 자기의 독생자를 주셨는데 더 이상 지상의 부가 무슨 의미가 있으며, 성전의 제사 제도가 왜 필요하며, 토지나 장수가 무슨 별다른 의미가 있겠습니까! 예수 그리스도 자신이 곧 부의 근본이시며, 단번에 자신을 희생 제물로 바친 하나님의 어린 양이시며, 영원한 나라의 주인이시며, 불멸의 생명이신데 더 무엇이 필요하겠습니까!

예수님 사신이야말로 하나님의 풍요의 총체이시며 모든 은총의 본체이십니다. 그러므로 시편 기자는 일찍이 이렇게 고백했습니다.

"내가 여호와께 아뢰되 주는 나의 주님이시오니 주 밖에는 나의 복이 없다 하였나이다"(시 16:2).

예수 그리스도의 오심은 재물에 대한 신약시대의 그리스도인들의 관점과 자세에 변화를 일으키지 않을 수 없었습니다. 예수님은 재물에 부여되었던 구약시대의 상징적 의미를 벗기고 그 대신 주님 자신 속에 있는 충만한 은혜를 보여 주셨기 때문입니다.

"말씀이 육신이 되어 우리 가운데 거하시매 우리가 그의 영광을 보니 아버지의 독생자의 영광이요 은혜와 진리가 충만하더라"(요 1:14).

10장 _ 재물, 우상이 되지 않도록 경계하라

구약시대에서 하나님은 여러 가지 모형과 상징으로 그리스도 안에 있는 구원을 설명하셨습니다. 성전 제도가 대표적인 실례의 하나입니다. 그런데 그 어떤 것도 예수 그리스도를 통해 이루어질 하나님의 구원을 완벽하게 대변하지는 못했습니다. 그래서 상징이나 모형이 여러 형태로 사용될 수밖에 없었습니다.

사실상 구원의 계시를 말로써 전달했던 선지자들도 "여러 부분과 여러 모양으로"(히 1:1) 전했습니다. 하나님의 구원은 사람의 언어나 어떤 상징물로써 간단히 설명되기에는 너무 광대하고 너무 심오한 것입니다. 그래서 하나님은 수천 년에 걸쳐 "우리 조상들에게 말씀"(히 1:1)하셔야 했습니다.

한편 하나님이 구약시대에 구원을 가르치기 위해 사용하셨던 상징이나 모형들은 제각기 독특한 측면들이 있었습니다. 그래서 여러 종류의 시각적 교재나 상징물들은 여러 선지자들의 독특한 메시지와 함께 하나님의 신비하고 심대한 구원을 입체적으로 제시했습니다. 구약시대의 재물도 이런 목적을 위해 원용되었던 하나의 예증적 방편이었습니다.

재물의 성격

그럼 재물에 어떤 독특성이 있었기에 구원을 설명할 수 있는 자료가 되었을까요?

재물은 하나님이 지으신 물질계의 범주 속에 있습니다. 재물은 부의 내용이며, 부는 풍요를 드러냅니다. 또한 재물은 인간의 물질적 필요를 가장 사실적으로 체험하게 하는 기능을 가지고 있습니다. 그래서 부는 하나님이 주신 복을 예증하는 하나의 물적 증거로 사용되었습니다.

재물이란 원래 하나님의 피조 세계 속에서 나오는 것이기 때문에 재물의 근원적인 산출자는 하나님이십니다. 하나님은 모든 재화의 주인이시며 모든 부의 창출 근원이십니다. 그래서 부는 구원이 하나님의 것이라는 사실을 주지시킬 수 있는 예증으로서의 유용성이 컸습니다.

부는 그 성격상 풍요를 대변합니다. 넘치도록 풍성한 부는 하나님의 구원이 지닌 넘치는 은혜를 사실적으로 실감할 수 있는 방편이었습니다. 날마다 먹고 마시며 사용해야 하는 물질이 다함없이 넘치며 계속 쌓인다는 것은 인간에게 풍요의 의미를 가장 힘 있게 가르쳐 주는 것이었습니다. 따라서 부는 그리스도 안에 있는 충만한 구원의 복을 예시하는 좋은 본보기였습니다.

그러나 예수 그리스도의 오심은 부에 대한 구약시대의 예증적 가치를 완전히 상실시켰습니다. 부가 상징하고 예시했던 실체이신 예수 그리스도께서 자기 백성들을 구원하기 위해 육신으로 이 세상에 오셨기 때문입니다.

> "아들을 낳으리니 이름을 예수라 하라 이는 그가 자기 백성을 그들의 죄에서 구원할 자이심이라"(마 1:21).
>
> "이 모든 날 마지막에는 아들을 통하여 우리에게 말씀하셨으니 이 아들을 만유의 상속자로 세우시고 또 그로 말미암아 모든 세계를 지으셨느니라 이는 하나님의 영광의 광채시요 그 본체의 형상이시라 그의 능력의 말씀으로 만물을 붙드시며 죄를 정결하게 하는 일을 하시고 높은 곳에 계신 지극히 크신 이의 우편에 앉으셨느니라"(히 1:2~3).

예수님은 "모든 날 마지막에" 성육신으로서 이 세상에 직접 오셨습니다. 그래서 지금까지의 구원에 대한 여러 가지 모형과 상징과 선지자의 말씀들이 예수 그리스도의 오심으로 말미암아 그 기능과 역할이 끝나게 되었습니다. 그래서 예수님은 하나님의 마지막 말씀입니다. 예수님은 창조의 동인(動因)이시며, 만물의 보존자이시며 상속자이십니다. 예수님은 사실상 하나님의 영광을 드러내는 근원적인 광채이시며 하나님의 본바탕이 되는 형상이십니다. 그뿐만 아니라 예수님은 "죄를 정결하게 하는 일" 곧 속죄사역을 하기 위해 이 세상에 육신으로 오신 분입니다.

예수님 자신이 이런 구원의 본체이신데 더 이상 상징이나 모형이 무슨 가치가 있겠습니까! 재물이 아무리 힘 있게 구원의 풍성함을 물체적으로 느끼게 하더라도 그것은 실체에 대한 희미한 그림자에 지나지 않는 것이었습니다.

예수님이 "모든 충만"(골 1:19)의 총체로 오신 이후부터는 재물도 다른 상징물들과 함께 영적 가치를 잃었습니다. 우리가 구약시대 부의 의미에 대해 새로운 관점을 가져야 하는 이유가 여기에 있습니다.

신약시대의 재물

구원을 설명하기 위해 사용했던 재물의 상징성이 예수 그리스도의 오심으로 벗겨지자 재물은 본래의 위치로 돌아갔습니다. 그런데 신약시대는 재물에 대해 새로운 가르침을 줍니다. 엄밀하게

말하면 새로운 가르침이기보다 구약에서 이미 시사되었던 재물에 대한 다른 한 측면을 두드러지게 부각시키고 강조했다고 볼 수 있습니다. 그것은 인간이 재물과 갖는 관계 속에서 초래되는 부정적인 측면들입니다.

신약시대에서는 부를 하나님과 대치되는 하나의 강력한 금력으로 노출시킵니다. 부는 하나의 권세이며 유혹입니다(딤전 6:9). 부는 돈을 사용하여 세상의 물질과 권력을 매입하며 사람들을 지배하는 강한 힘을 발휘합니다. 신약성경이 묘사하는 재물은 하나의 우상입니다.

부는 구원의 풍성함을 예증하는 자료로서 더 이상 신약에서 다루고 있지 않지만 부는 여전히 물질을 내용으로 삼고 있습니다. 그런데 물질은 다과(多寡)에 상관없이 하나님께 속한 것입니다. 신약은 구약과 마찬가지로 세상 재물의 주인을 하나님으로 계속 인정합니다. 이뿐만 아니라 신약은 재물이 하나님께 속했다는 사실이 부정될 때 어떤 일이 생기는지 경고합니다.

세상 사람들은 자기 손으로 돈을 벌기 때문에 재물을 자기 것으로 간주합니다. 야곱의 외삼촌 라반의 말을 들어보십시오.

"라반이 야곱에게 대답하였다. '이 여자들은 나의 딸이요, 이 아이들은 다 나의 손자 손녀요, 이 가축 떼도 다 내 것일세. 자네의 눈앞에 있는 것이 모두 내 것이 아닌가?'"(창 31:43, 표준새번역).

하나님이 모든 물질의 주인 되심을 인정하지 않을 때 인간은 돈의 노예가 되고 돈이 강한 올무가 되어 인간의 마음을 사로잡아 마침내 맘몬의 우상 앞에 굴복하게 만듭니다.

"부하려 하는 자들은 시험과 올무와 여러 가지 어리석고 해로운 욕심에 떨어지나니 곧 사람으로 파멸과 멸망에 빠지게 하는 것이라"(딤전 6:9).

이 같은 돈의 부정적인 역할 때문에 예수님은 재물을 인격화시키고 하나님과 대치되는 하나의 세력으로 등장시켰습니다.

"너희가 하나님과 재물을 겸하여 섬기지 못하느니라"(마 6:24).

여기서 '재물'이라고 번역된 원어는 '맘몬'입니다. 맘몬은 하나님과 대칭됩니다. 맘몬은 인간으로 하여금 하나님의 필요성을 못 느끼게 합니다. 궁핍을 모르는 사람은 하나님을 찾지 않으며 하나님의 존재를 아쉬워하지도 않습니다.

"네가 말하기를 나는 부자라 부요하여 부족한 것이 없다 하나 네 곤고한 것과 가련한 것과 가난한 것과 눈 먼 것과 벌거벗은 것을 알지 못하는도다"(계 3:17).

하나님을 만물의 주인으로 의식하지 않는 사람들은 부의 힘을 믿고 스스로 주인 행세를 하며 강한 권세자로 군림합니다. 부는 부자의 자랑거리이며 힘입니다.

그러나 실제로 부자를 지배하는 것은 맘몬입니다. 맘몬의 손아귀에 들어간 사람은 모든 재물을 맘몬의 우상 아래 놓고 경배합니다. 이리하여 재물은 돈이라는 금력으로 장식되어 인간의 마음을 빼앗습니다.

세상만물에 대한 하나님의 주인 되심을 인정하지 않는 사람의 손에 쥐어진 재물은 인간을 교만하게 합니다. 재물에 대한 사랑은 하나님에 대한 사랑을 밀어내고 마침내 모든 악의 뿌리가 되어 인간을 타락시킵니다.

"돈을 사랑함이 일만 악의 뿌리가 되나니 이것을 탐내는 자들이 미혹을 받아 믿음에서 떠나 많은 근심으로써 자기를 찔렀도다"(딤전 6:10).

우리는 아무것도 세상에 가지고 오지 않았으며 아무것도 가지고 가지 못합니다(딤전 6:7). 문자 그대로 공수래공수거(空手來 空手去)입니다. 신약의 물질관은 하나님이 만물의 주인이시며 인간은 원래부터 아무것도 가진 게 없는 존재임을 전제로 합니다. 인간이 무엇을 소유할 수 있다는 것은 주인이신 하나님이 허락해 주셨기 때문입니다. 나의 노력과 나의 능력이라는 것도 내가 처음부터 가졌던 게 아닙니다. 하나님이 먼저 나를 만드셨기 때문에 그런 힘이 네게서 나올 수 있을 뿐입니다(신 8:17~18). 재물이든, 무엇이든 이 세상 것들은 내가 독립적으로 내 힘에 의해서 얻을 수 있는 것이라고는 하나도 없습니다. 이 세상은 하나님의 것이기 때문입니다. 우리는 다윗의 기도에서 이 사실을 분명히 확인할 수 있습니다.

"여호와여 위대하심과 권능과 영광과 승리와 위엄이 다 주께 속하였사오니 천지에 있는 것이 다 주의 것이로소이다"(대상 29:11).
"모든 것이 주께로 말미암았사오니 우리가 주의 손에서 받은 것으로 주께 드렸을 뿐이니이다"(대상 29:14).
"이 모든 물건이 다 주의 손에서 왔사오니 다 주의 것이니이다"(대상 29:16).

바울도 고린도 교회에게 하나님이 만물의 주인 되심을 지적하려고 이렇게 도전했습니다.

"여러분 각자가 가지고 있는 것 가운데서, 하나님께로부터 받지 않은 것이 무엇이 있습니까? 모두가 받은 것인데, 왜 받지 않은 것처럼 자랑합니까?"(고전 4:7, 표준새번역).

재물을 우상으로 삼지 않는 방법

재물에 대한 신약의 교훈은 주로 맘몬의 우상을 무력화시키는 방안에 대한 지침입니다. 맘몬은 항상 갖기를 원합니다. 맘몬의 소유욕은 끝이 없습니다. 맘몬 신에 붙잡힌 사람은 재물을 놓지 못하고 계속 끌어안기만 합니다.

맘몬의 권능은 탐욕과 소유욕입니다. 우리는 예수님을 찾아왔던 한 부자 청년의 사건에서 맘몬의 세력이 얼마나 집요한 것인지 알 수 있습니다. 예수님은 그 부자 청년에게 맘몬의 마수에서 풀려날 수 있는 방안을 제시해 주셨습니다. 그것은 재산을 처분하여 가난한 사람들에게 나눠 주라는 말씀이었습니다. 그런데 그 부자 청년이 어떻게 했습니까?

"그 사람이 큰 부자이므로 이 말씀을 듣고 심히 근심하더라"(눅 18:23).

이 부자 청년은 매우 높은 수준의 도덕생활을 어려서부터 했던 사람이었습니다(눅 18:10, 21). 그는 존경받는 깨끗한 지도자였습니다. 그는 분명 자기 재산도 유익하게 사용했을 것입니다. 그러나 그것으로 맘몬의 문제가 해결될 수 없었습니다. 중요한 것은 존경받는 외형적인 삶이 아니고 마음입니다. 부자 청년의 마음속에는 하나님이 아닌 맘몬이 주인의 자리에 앉아 있었습니다.

그래서 예수님은 그 청년에게 "나를 따르라"(눅 18:22)고 초대했습니다. 예수님을 따르는 것은 맘몬을 포기하는 것입니다. 이것이 곧 맘몬의 수중에서 벗어나는 자유의 길이었습니다. 하지만 부자 청년의 마음은 맘몬의 마수에 꽉 붙잡혀 있었습니다. 그의 마음은 곧 탐심이었습니다. 탐심은 맘몬이 가장 좋아하는 최대의 활동무대입니다.

탐욕으로 채워진 마음이 맘몬의 검은 손으로부터 벗어나는 길은 탐심을 물리치는 것입니다.

"삼가 모든 탐심을 물리치라 사람의 생명이 그 소유의 넉넉한 데 있지 아니하니라"(눅 12:15).

그런데 탐심을 물리칠 수 있는 가장 확실한 방법은 나의 소유를 남에게 주어 버리는 것입니다. 내 물질이라고 움켜쥐고 더 붙잡으려고 욕심을 부릴 것이 아니고 내 손을 펴서 나의 물질이 다른 사람들에게 옮겨가게 해야 한다는 것입니다. 다시 말하면 재물을 잡을수록 나는 맘몬의 권세 아래 더 들어가고, 놓을수록 더 풀려나서 예수님을 따를 수 있습니다.

맘몬의 힘을 빼어 버리려면 맘몬이 온상으로 삼는 탐심을 버리는 것입니다. 그것은 곧 나의 물질을 남에게 주어 버리는 일입니다. 내가 나의 것들을 나의 소유물로 여기지 않고 내어놓을 때 맘

몬의 우상은 탐욕의 올무를 풀게 됩니다.

가질수록 더 갖고 싶은 것이 돈입니다. 그러나 만물이 주님의 것이라는 사실을 인정하고 나의 돈과 물질을 기꺼이 내어놓으면 맘몬은 무력해지고, 맘몬은 더 이상 나를 속박하지 못합니다. 결국 돈을 포함한 모든 물질들을 원래 소유주인 하나님께 돌아가게 하는 것이 맘몬의 권세로부터 풀려나서 주님의 품으로 귀속되는 유일한 첩경입니다.

삭개오와 마리아를 통해 본 재물 이야기

한편 복음서에는 맘몬의 세력을 꺾은 사람들의 이야기도 기록되어 있습니다. 삭개오는 세리장이고 부자였습니다. 그는 주님께 말했습니다.

"내 소유의 절반을 가난한 자들에게 주겠사오며 만일 누구의 것을 속여 빼앗은 일이 있으면 네 갑절이나 갚겠나이다"(눅 19:8).

막달라 마리아는 예수님이 시몬의 집에서 식사하실 때 "매우 값진 향유 곧 순전한 나드 한 옥합"(막 14:3)을 깨뜨려 주님께 부어 드렸습니다.

가진 것을 내놓는 것이 탐욕에게서 해방되는 길입니다. 맘몬의 속박을 끊는 길은 맘몬의 온상인 탐심을 없애버리는 것입니다. 그런데 중요한 것은 내가 가진 소유를 다 내놓느냐, 절반만 내놓 느냐 하는 분량의 문제가 아닙니다. 예수님은 부자 관원에게는 모든 재산을 다 팔아서 가난한 사람들에게 주라고 하셨지만 삭개오의 경우에는 그가 절반의 재산만 가난한 사람들에게 주겠다고 했는데도 구원을 선포하셨습니다. 막달라 마리아의 경우에는 삼백 데나리온의 향유 옥합을 다 부어드렸을 때 그녀가 주님을 위해 아름다운 일을 했다고 칭찬하셨습니다.

이런 실례들을 통해 우리가 깨닫는 것은 거저 주는 행위가 곧 구원의 은혜를 대변한다는 사실입니다. 구약시대에는 재물이 하나님의 구원의 풍성함을 예증하는 실물 자료였습니다. 그래서 부자는 하나님의 복을 많이 받은 사람으로 간주되었습니다. 이런 사상은 예수님 당시까지도 유대인들에게 퍼져 있었습니다(눅 18:24~26).

그러나 예수님이 오신 이후부터는 재물은 증여 행위를 통해서만이 하나님의 구속이 담고 있는 '은혜의 세계'를 표출시킬 수 있었습니다. 그것은 곧 거저 주는 행위입니다. "너희가 거저 받았으니 거저 주라"(마 10:8)는 것이 제자들에게 준 예수님의 교훈입니다. 이 거저 줌의 행위야말로 탐욕과 소유욕의 노예가 되게 하는 맘몬의 위력을 무력화시키고 동시에 복음이 하나님의 선물이라는 사실을 예시해 줍니다. 불의한 청지기의 비유는 이런 은혜의

세계를 역설적으로 묘사한 말씀입니다(눅 16:1~15).

불의한 청지기는 얼핏 보면 주인의 재산을 축낸 사람입니다. 성경에서도 그를 "옳지 않은 청지기"(눅 16:8)라고 했습니다. 그러나 같은 성경본문에서는 주인이 자기 청지기를 칭찬했습니다. 그 까닭이 무엇입니까? 본 비유의 핵심은 불의한 청지기와 주인과의 관계가 아니고, 주인의 채무자와 청지기 사이의 관계입니다. 불의한 청지기는 주인의 채무자들에게 '거저 줌의 은혜'를 실천했습니다. 이로 인해 채무자들은 탕감과 관용의 세계로 인도된 셈입니다. 채무자들은 불의한 청지기의 후한 선심에 의해 거저 줌의 세계인 복음의 영역으로 들어갔으므로 청지기의 친구가 될 수 있었습니다.

불의한 청지기는 비록 현실세계의 측면에서 보면 주인의 재산 증식에 충실하지 못했을지라도 영적세계의 원리에서 보면 은혜의 세계에 충실한 사람이었습니다. 그러므로 "주인의 소유를 낭비"(눅 16:1)한 청지기는 오히려 주인의 칭찬을 받았습니다.

불의한 청지기가 행한 거저 줌의 실천은 일면으로는 맘몬의 위력을 무산시키고 다른 일면으로는 구원이 거저 주는 하나님의 선물임을 표출시킵니다. 거저 주는 행위는 하나님께 속한 것을 하나님께 그대로 되돌려 드리는 것입니다. 거저 주는 행위는 맘몬 대신 하나님을 섬긴다는 뜻이며, 구원이 거저 받는 은혜라는 사실을 안다는 뜻입니다. 우리가 매주 교회에 가서 헌금하는 행위도 결국 우리 그리스도인들이 은혜의 세계에서 살고 있다는 사실을 실증하는 것입니다. 그것은 곧 거저 받은 물질을 하나님께 귀속시킴으로써 우리가 맘몬과 하나님을 함께 섬기지 않는다는 사실을 증명하는 믿음의 행위인 것입니다(눅 18:13).

예수님께 배우는 재물에 대한 자세

재물에 대한 신약성경의 교훈은 무엇보다 예수님 자신의 모범을 따르라는 것입니다.

"그는 근본 하나님의 본체시나 하나님과 동등됨을 취할 것으로 여기지 아니하시고 오히려 자기를 비워 종의 형체를 가지사 사람들과 같이 되셨고 사람의 모양으로 나타나사 자기를 낮추시고 죽기까지 복종하셨으니 곧 십자가에 죽으심이라"(빌 2:6~8).

예수님은 모든 것을 거저 주셨습니다. 예수님은 가장 부요한 분이셨지만 가장 가난한 분으로 사셨습니다. 예수님은 하늘의 모든 풍요를 한 몸에 지니신 분이셨지만 십자가 위에서 벌거벗겨진 채 버림을 당했습니다. 예수님은 생명의 주(主)시지만 자신의 피를 구속의 십자가 위에서 다 흘리셨습니다.

예수님은 모든 거저 줌의 최대 모델입니다. 예수님의 자기희생

은 일체의 탐심과 이기심에 대한 견책입니다. 예수님은 자신을 온전히 내주었습니다. 모든 것이 하나님께 속했음을 주님은 인정했습니다. 그러므로 목숨까지도 다시 하나님께 기꺼이 내드렸습니다. 예수님이야말로 맘몬의 소유욕과 탐욕의 권세를 전적인 자기증여로 꺾으시고 승리하셨습니다. 과연 "주는 것이 받는 것보다 복"(행 20:35)이 있습니다.

거저 받은 것을 거저 주는 행위는 재물에 대한 최선의 방어책입니다. 자기 것이 아닌 것을 움켜쥐려고 하는 마음은 탐심입니다. 탐심은 우상숭배라고 했습니다(골 3:5). 우상숭배자는 하나님 나라에서 기업을 얻지 못합니다(엡 5:5).

탐심은 하나님께 속한 것을 사탄에게로 환치시킵니다. 탐심은 항상 더 갖기를 원합니다. 아담과 하와가 좋은 예입니다. 그들은 낙원에서 모든 필요한 것들을 누렸지만 더 갖고 싶어 하다가 사탄의 꼬임에 넘어가고 말았습니다. 그러나 '예수의 마음'은 모든 것을 무상으로 주길 원합니다. 우리는 거저 줄 때에만 하나님의 구원의 은혜를 이 세상에 선포할 수 있으며, 자신의 목숨을 죄인들을 위해 거저 내주신 우리 주 예수 그리스도의 증인이 될 수 있습니다.

"우리 주 예수 그리스도의 은혜를 너희가 알거니와 부요하신 이로서 너희를 위하여 가난하게 되심은 그의 가난함으로 말미암아 너희를 부요하게 하려 하심이니라"(고후 8:9).

내가 받은 모든 귀한 것들을 하나님께 환원시켜야 한다는 각오와 준비가 없는 재물의 축적은 자신이 맘몬신의 수하에 들어갔다는 증거일 뿐입니다. 하나님을 만유의 주인으로서 인정하지 않고 돈을 쌓아 모으려는 의지와 노력이 극대화될 때 필연석으로 죄가 잉태되며 복음서에 기록된 어리석은 부자의 운명을 피하지 못합니다.

"또 내가 내 영혼에게 이르되 영혼아 여러 해 쓸 물건을 많이 쌓아 두었으니 평안히 쉬고 먹고 마시고 즐거워하자 하리라 하되 하나님은 이르시되 어리석은 자여 오늘 밤에 네 영혼을 도로 찾으리니 그러면 네 준비한 것이 누구의 것이 되겠느냐"(눅 12:19~20).

부와 가난, 재물에 대한 성경의 관점

하나님은 이스라엘 백성들을 애굽의 종살이에서 능력의 팔로 구출해 내셨습니다. 또한 하나님은 그들을 광야로 데리고 가셔서 40년간 돌보셨습니다. 하나님은 광야에서 "만나를 비 같이 내려 먹이시며 …… 음식을 그들에게 충족히"(시 78:24~25) 주셨으며, "양 같이 인도하여"(시 78:52) 내셨습니다. 그리고 가나안에 들어

가서도 풍족히 먹였습니다.

그럼에도 이스라엘 백성들은 "그들의 조상들 같이 배반하고 거짓을 행하여 속이는 활 같이 빗나가서 자기 산당들로 그의 노여움을 일으키며 그들의 조각한 우상들로 그를 진노하게"(시 78:57~58) 했습니다. 그 결과 하나님은 이스라엘 백성들을 적군의 포로가 되게 하셨습니다(시 78:61~64, 겔 28:7~8).

이스라엘 백성들이 타국의 포로가 된 때는 가난했던 시절이 아니고 "번창하고 거부"(렘 5:27)가 된 때였습니다. 물론 문제는 재물 자체에 있었던 것이 아니고 하나님이 주신 부를 자신들의 자랑거리로 삼고 탐욕의 노예가 되어 하나님 대신 맘몬의 우상을 섬긴 것이었습니다. 하나님도 이런 불신과 탈선에 대해 미리 경고하셨습니다(신 6:10~19). 그러나 이스라엘 백성들은 하나님과의 언약관계를 저버렸고 부가 지닌 영적 의미를 망각했습니다. 그들에게 곡식과 새 포도주와 기름을 준다고 믿었습니다(호 2:8).

이 같은 상황에서는 부가 지닌 영적 의미가 무의미할 뿐이었습니다. 이스라엘 백성들에게는 더 이상 부가 하나님의 구원의 풍성함이나 여호와의 주인 되심을 드러낼 수 없었습니다. 오히려 부는 언약 백성들을 교만하게 만들고 하나님의 존재 가치를 무용하게 하며 오로지 부의 경제적 효용성에만 마음이 쏠리게 했습니다. 구약시대에 몇몇을 제외하고 부자들이 거의 다 정죄된 까닭이 여기 있습니다. 이것은 비록 신약시대에 와서 예수 그리스도의 오심으로 말미암아 부의 영적 상징성이 없어졌다 할지라도 마찬가지입니다. 신약에서도 여전히 부자들은 몇몇 경우를 제외하고는 거의 모두 정죄의 대상이었습니다.

재물의 소유자나 또는 재물을 얻고자 하는 사람이 만물의 주인이신 하나님을 무시하고 재물을 맘몬의 발아래 놓게 되면 그는 탐욕에 빠진 사람이며 우상숭배자입니다. 우상숭배자에게는 하나님이 필요하지 않습니다. 맘몬신을 섬기면서 금력으로 이것저것 소유하며 스스로 주인 노릇을 하는 사람에게는 또 다른 주인이 필요하지 않습니다(잠 22:7).

그래서 예수님은 "부요한 자여 너희는 너희의 위로를 이미 받았도다"(눅 6:24)고 선언하셨습니다. 야고보도 부자들에 대해 신랄한 비판을 가했습니다(약 5:1~6).

하나님을 등진 부자들은 하나님의 위로도 인도도 필요하지 않습니다. 오직 돈이 그들의 위로며 인도며 소망입니다. 그들에게는 하나님의 용서도 사랑도 필요하지 않습니다. 그들은 스스로를 위로하고 스스로 잘난 체하는 자들입니다(잠 18:23). 그들의 마음은 높아져서 하나님이 들어설 자리가 없습니다. 따라서 성경은 부자들을 거의 다 정죄하고 그 대신 가난한 사람들을 위로하며 두둔합니다.

부자들에 비해서 가난한 사람들은 스스로를 위로할 수 없는 이들입니다. 그들은 헐벗은 사람들이므로 도움이 필요합니다. 그런데 그들을 도와줄 이가 없습니다.

"가난한 자는 그 형제들에게도 미움을 받거든 하물며 친구야 그를 멀리 하지 아니하겠느냐 따라가며 말하려 할지라도 그들이 없어졌으리라"(잠 19:7).

그래서 가난한 사람들은 오로지 하나님만 믿고 의지하며 그분께 호소하고 매달립니다. 그러므로 그들의 기도는 하나님께 상달되고(약 5:5), 그들의 가난은 겸비의 자세를 갖게 합니다.

아무것도 의지할 데 없어 오로지 하나님만 바라보는 사람은 하나님의 나라가 임하길 고대하는 사람이며 하나님의 공의와 자비를 간구하는 사람입니다.

그런 이들은 반드시 경제적으로 가난한 사람만을 가리키지 않습니다. 부자라 할지라도 자신의 부를 신뢰하지 않고 아브라함처럼 영원한 본향을 사모하는 사람은 가난한 심령을 가진 사람입니다. 반면 경제적으로 돈이 없다 하더라도 하나님께 대한 신뢰를 저버리고 바알의 우상 앞으로 나아가면 그는 벌써 그릇된 부자의 정신을 품게 됩니다. 성경은 가난 자체를 의롭게 보거나 가난한 삶 자체를 경건의 증표로 간주하지 않습니다. 그래서 구약은 가난하다는 이유 때문에 죄인에 대한 판결을 유리하게 내려서는 안 된다고 경고했고(출 23:3, 레 19:15), 신약은 가난하여 다른 사람에게 짐이 되지 않도록 부지런히 일하라고 권면했습니다(살후 3:8, 10~12).

한편 누가복음 18장 22절의 말씀 때문에 누구나 재산을 다 팔아 구제사업에 쓰고 가난하게 사는 게 마치 하나님이 기뻐하시는 뜻인 것처럼 오해하기도 합니다. 그러나 예수님이 재산을 모두 처분하라고 하신 까닭은 부자 청년의 문제가 재물에 마음이 묶여져 있어 하나님을 따를 수 없기 때문이었습니다. 따라서 재물을 포기하고 하나님을 따르라는 말씀이지, 가난 자체가 하나님 보시기에 더욱 경건하거나 의로운 것은 결코 아닙니다.

결국 우리의 관심은 부자가 되느냐, 가난한 사람이 되느냐에 있지 않습니다. 성경의 교훈은 부자이든 가난한 사람이든 자신이나 재물이나 혹은 그 어떤 것이라도 신뢰하지 말고 비천한 사람의 자리로 내려가서 오로지 하나님의 주인 되심과 그분의 자비하신 은혜에 의존해야 한다는 것입니다.

다만 성경에서 부자들에 대해 거의 부정적으로 언급한 까닭은 재물이 금력이 되어 하나의 권세로서 인간들을 사로잡고 맘몬의 우상 앞에 무릎을 꿇게 하기 때문입니다. 그래서 성경은 그 원인을 탐욕이라고 진단하고 그 대책을 거저 주는 행위라고 제시해 놓았습니다.

이에 반해 성경이 가난한 사람들의 편에 서서 말하는 까닭은 대체로 가난한 처지에 놓인 사람들이 언약 백성들의 진정한 모습

을 반영하기 때문입니다. 즉 가난한 이들은 궁핍과 고통 속에서 하나님만 바라보며 겸비한 자세로 도움을 부르짖습니다. 이런 의미에서 모든 그리스도인들은 가난한 사람의 정신을 가진 이들이며 교회는 곧 예수 그리스도의 낮아지심의 모본을 따라가는 가난한 심령들의 집합소입니다(사 61:1, 요 5:3). 그러므로 역설이지만 예수님의 말씀처럼 가난한 사람들은 항상 우리와 함께 있으면서(막 14:7) 예수 그리스도의 성육신이 지녔던 비천함과 하나님만 의존하고 사셨던 전적인 믿음생활에 대한 하나의 예증으로 남아 있게 될 것입니다.

"하나님께서 가난한 사람들을 내세우시는 까닭은 그들의 덕이나 환경 때문이 아니고 믿음생활의 증인으로서 예수 그리스도의 지속적인 반영이 되기 때문이다. 그래서 예수님은 가난한 사람들은 항상 너희와 함께 있다고 하셨다(마 26:11). 가난한 예수는 이 세상을 떠나셨다. 그러나 예수 그리스도께서는 자신을 대변하고 반영하는 가난한 사람들을 이 세상에 남기셨다."(쟈크 엘룰)

11장 _ 충성된 청지기의 재물 사용법

"네가 이 세대에서 부한 자들을 명하여 마음을 높이지 말고 정함이 없는 재물에 소망을 두지 말고 오직 우리에게 모든 것을 후히 주사 누리게 하시는 하나님께 두며 선을 행하고 선한 사업을 많이 하고 나누어 주기를 좋아하며 너그러운 자가 되게 하라"(딤전 6:17~18).

이 성경말씀은 지금까지 생각해 본 재물에 대한 성경의 가르침들을 간략하게 함축하고 있습니다. 다음은 충성된 청지기의 재물 사용법에 대해 살펴보도록 하겠습니다.

하나님께 돈의 사용법을 구하라

"마음을 높이지 말고"(딤전 6:17)라는 말은 인간의 본성에 비추어서 주는 경고입니다. 재물 자체는 악한 것이 아니지만 인간은 당장 눈에 보이는 물질에 약합니다. 견물생심(見物生心)이란 말은 이런 인간의 공통된 약점을 잘 지적한 말입니다. 그런데 일단 재물을 손에 넣으면 인간은 교만해집니다. 하나님은 원래 이스라엘 백성들에게 부를 기본적인 복의 하나로 주시고 풍성한 재물을 통하여 하나님의 은혜의 약속이 가시적이고 체험적으로 실현되게 하셨습니다(신 30:9~10, 33:13~17).

그러나 그들이 재물을 허락하신 하나님보다 재물 자체를 더 신뢰하고 부로 인해서 교만해졌을 때 하나님의 징벌을 당했습니다. 이스라엘의 선지자들이 줄곧 지적했던 죄악도 이 같은 언약 백성들의 높아진 마음이었습니다.

하나님은 교만한 사람들을 치십니다. "교만은 패망의 선봉이요 거만한 마음은 넘어짐의 앞잡이"(잠 16:18)입니다. 하나님은 이스라엘뿐만 아니라 다른 열국들을 패망시킬 때도 그들의 교만을 지적하셨습니다. 다음은 두로 왕에 대한 말씀입니다.

"네 큰 지혜와 네 무역으로 재물을 더하고 그 재물로 말미암아 네 마음이 교만하였도다"(겔 28:5).

인간은 재물의 복을 받을 때 의연하지 못하고 탐심에 얽매여 축재를 일삼다가 하나님까지 우습게 여기는 교만에 빠지기 쉽습니다. 재물이 많은 사람은 금력으로 소유와 지배를 할 수 있기 때문입니다. 재물은 가진 사람의 자랑이 되고 자기과시의 선전물이 되어 우월의식에 빠지게 합니다. 그래서 잠언 기자는 이 같은 인간의 타락된 본성을 잘 파악한 기도를 올렸습니다.

"나를 가난하게도 마옵시고 부하게도 마옵시고 오직 필요한 양식으로 나를 먹이시옵소서 혹 내가 배불러서 하나님을 모른다 여호와가 누구냐 할까 하오며 혹 내가 가난하여 도둑질하고 내 하나님의 이름을 욕되게 할까 두려워함이니이다"(잠 30:8~9).

돈에 집착하지 말라

성경은 "정함이 없는 재물에 소망을 두지 말고"(딤전 6:17)라고 경고합니다. 세상 재물이란 비록 내 손에 현재 들어와 있더라도 그것이 영구적이라는 보장이 없습니다. 엄밀한 의미에서 재물에는 임자가 따로 없습니다(전 6:2). 이 사람 손에서 저 사람 손으로 늘 옮겨 다니는 것이 재물입니다.

"네가 어찌 허무한 것에 주목하겠느냐 정녕히 재물은 스스로 날개를 내어 하늘에 나는 독수리처럼 날아가리라"(잠 23:5).

재물은 원래 하나님의 것입니다. 하나님이 원하시는 뜻과 계획에 따라서 개인이나 국가에게 주실 수시기도 하시고 옮기기도 하십니다.

"여호와는 가난하게도 하시고 부하게도 하시며 낮추기도 하시고 높이기도 하시는도다"(삼상 2:7).

하나님의 이 같은 주권을 인정하려면 우선 이 세상 재물이 덧없는 것임을 알아야 합니다. 그래야만 재물에 소망을 두지 않습니다. 재물의 무상함을 아는 사람이 유구하신 하나님을 바라봅니다. 또한 재물에 소망을 두지 않으려면 이 세상을 우리가 나그네로 산다는 사실을 숙지해야 하며 오늘 내게 무슨 일이 일어날지도 모른다는 것을 염두에 두어야 합니다(잠 27:1, 눅 12:20, 히 11:13).

아브라함은 큰 재산가였습니다. 그러나 그는 자신의 재산에 소망을 걸지 않았습니다. 그는 덧없는 세상에서 나그네로 산다는 사실을 알았고 하늘에 있는 더 나은 본향을 사모하고 살았습니다(히 11:16).

정함이 없는 재물에 소망을 두는 자는 순례자의 정신으로 사는 사람이 아닙니다. 재물이 소망이라면 사람은 "더러운 이득"(벧전

5:2)을 위해 힘쓰게 되며 수단과 방법을 가리지 않고 축재에 혈안이 됩니다. 재물에 소망을 둘 때 인간은 치사하게 됩니다. 그런 재물은 인간과의 관계 속에서 인간의 고상한 정신을 함양시키기보다 더럽고 추악한 몰골을 노출시킵니다. 흔히 돈이 더럽다고 하는 말은 이처럼 재물에 소망을 두는 사람들의 파렴치한 행위를 두고 던지는 경멸적인 언사입니다. 우리는 이 세상을 순례자로서 살아갑니다. 그러므로 세상에 있는 재물이 우리의 소망일 수 없습니다.

"우리가 세상에 아무것도 가지고 온 것이 없으매 또한 아무것도 가지고 가지 못하리니"(딤전 6:7).

넉넉한 마음으로 베풀라

성경은 "오직 우리에게 모든 것을 후히 주사"(딤전 6:17)라고 말씀하십니다. 하나님이 만드신 이 세상은 풍성한 곳입니다. 인간의 타락 이후로 많은 세월이 지났지만 이 세상은 아직도 넉넉한 산물을 내고 있습니다. 물론 상대적인 빈곤이 있고 가뭄과 흉년이 존재하지만 그런 가운데서도 이 세상은 재물이 넘치는 곳입니다.

하나님은 후하신 분입니다. 우리에게 생명을 주신 분은 인색한 분이 절대 아닙니다. 하나님은 자기 아들까지도 우리의 구속을 위해 내놓으신 분입니다. 하나님의 후하신 성품은 그분을 믿는 모든 자녀들에게도 전달되어야 합니다. 후한 정신으로 물질을 대한다는 것은 가진 물질을 후하게 사용한다는 뜻입니다. 그리스도인들이 인색한 것은 하나님의 후한 성품과 배치됩니다(시 81:10, 요 6:11).

만족과 감사로 기쁨을 누려라

성경은 하나님을 "누리게 하시는"(딤전 6:17) 분이라고 말씀하십니다. 기독교는 금욕주의가 아닙니다. 예컨대 성(性)이나 음식을 즐기지 못하도록 엄격한 규율을 만들어 지키게 하는 것은 성경의 가르침이 아닙니다.

"혼인을 금하고 어떤 음식물은 먹지 말라고 할 터이나 음식물은 하나님이 지으신 바니 믿는 자들과 진리를 아는 자들이 감사함으로 받을 것이니라 하나님께서 지으신 모든 것이 선하매 감사함으로 받으면 버릴 것이 없나니"(딤전 4:3~4).

먹고 마시고 즐기지 않는 것을 마치 경건의 표지인 양 가르치는 것은 그리스도인들이 하나님의 풍요를 체험하면서 감사하고 행복해하는 길을 막는 일입니다.

"사람이 먹고 마시며 수고하는 것보다 그의 마음을 더 기쁘게 하는 것은 없나니 내가 이것도 본즉 하나님의 손에서 나오는 것이로다" (전 2:24).

후히 주시기만 하시고 누리지 못하게 한다면 모순입니다. 후히 주시는 하나님은 받은 사람이 후한 선물을 넉넉히 누리면서 즐거워하길 원하십니다. 하나님이 만드신 풍요로운 세상에서 억지로 빈곤하게 되려는 것은 일종의 자기 학대입니다. 하나님의 세계는 부요와 자유의 세계입니다. 그러므로 인간의 탐욕에 의한 착취나 궁핍은 모든 것을 넘치게 주시는 하나님께 대한 모독이며, 받은 것을 누리면서 즐기지 못하는 것도 하나님의 은혜로운 배려에 대한 부정입니다.

다시 말해 하나님은 후히 주시고 누리게 하시는 분이시기 때문에 재물을 놓고 아까워하거나 인색하지 말아야 합니다. 재물 자체는 덧없는 것이지만 하나님은 또한 모든 필요한 것들을 넉넉히 주시기 때문에 재물보다 후하신 하나님 자신에게 소망을 두어야만 후한 선물들을 즐기는 정신을 가질 수 있습니다.

흔히 하나님을 즐거워하는 것이 인간의 가장 고상한 목적이라고 말합니다. 그렇지만 이 세상에서 하나님의 자녀들이 삶을 즐기면서 잘사는 것을 비성경적이라고 보아서는 안 됩니다. 하나님의 후한 재물을 즐기는 것도 하나님을 즐거워하는 내용의 일부가 될 수 있기 때문입니다. 하나님이 주신 것을 즐기는 게 하나님이 부여하신 복에 대한 진정한 만족과 감사의 표현입니다.

하나님이 맡긴 재물로 선행을 베풀어라

성경은 "선을 행하고 선한 사업을 많이 하고"(딤전 6:18)라고 말씀하십니다. 바울에 따르면 그리스도인들은 주기 위해서 돈을 번다고 말해도 과언이 아닙니다.

"하나님이 능히 모든 은혜를 너희에게 넘치게 하시나니 이는 너희로 모든 일에 항상 모든 것이 넉넉하여 모든 착한 일을 넘치게 하게 하려 하심이라"(고후 9:8).

하나님이 넘치게 주시는 이유는 복이 넘치게 흘러나가게 하시려는 의도 때문입니다. 이것은 복의 전이성(轉移性)입니다. 복이 내게만 머물러 있는 것은 복의 역할이 수행되지 않았음을 뜻합니다. 하나님이 내려주시는 복은 언제나 넘치는 복이며, 넘치는 복은 언제나 흐르는 복입니다. "선한 사업을 많이 하고"(딤전 6:18)라는 말씀은 자신에게 복을 쌓아 두지 말고 다른 사람들을 위해 아낌없이 많이 사용하라는 의미입니다.

우리가 받는 복은 거저 받는 은혜입니다. 그러므로 줄 때도 거

저 주어야 하고(마 10:8), 인색하지 말아야 하며, 항상 선한 일을 위해 우리의 재물을 써야 합니다. 진정한 부자의 척도는 자신이 소유한 재산의 분량이 아니고 자기가 행한 선행의 분량입니다. 선한 사업에 부요한 사람이 가장 많은 풍요를 받아 누리는 사람입니다. 그런 사람은 "장래에 자기를 위하여 좋은 터를 쌓아 참된 생명을 취하는 것"(딤전 6:19)이라고 했습니다.

혼자 움켜쥐지 말고 나눠 가져라

성경은 "나누어 주기를 좋아하며 너그러운 자가 되게 하라"(딤전 6:18)고 말씀하십니다. 가진 사람은 가지지 못한 사람에 대해 동정심을 품어야 합니다. 가진 사람에게 못 가진 사람에 대한 동정심이 없으면 나누고 싶은 마음이 생기지 않을 것입니다. 그리스도인들은 원칙적인 면에서 복의 공동체성을 숙지해야 합니다.

하나님은 한 개인을 염두에 두시고 예수 그리스도를 이 땅에 보내시지 않았습니다. 하나님은 "자기 백성"(마 1:21)을 죄에서 구원하시려고 메시아를 우리에게 주셨습니다. 하나님이 구속하시는 대상은 어떤 특정 개인이나 소수인의 그룹이 아니고 '백성'들입니다. 다시 말해 믿음의 공동체입니다. 따라서 하나님이 주시는 복은 개인적인 것이라 해도 공동체의 복지와 결코 무관하지 않습니다.

"만일 한 지체가 고통을 받으면 모든 지체도 함께 고통을 받고 한 지체가 영광을 얻으면 모든 지체가 함께 즐거워하느니라 너희는 그리스도의 몸이요 지체의 각 부분이라"(고전 12:26~27).

나누어 주는 일은 청지기의 고유한 직무입니다. 청지기는 주인의 것을 분배하는 사람이므로 주인의식을 버려야 합니다. 그뿐만 아니라 나누어 주는 일을 좋아해야 합니다. 그렇게 하기 위해서는 어려운 사람들에 대한 관심이 있어야 하고 청지기직에 대한 책임감이 있어야 합니다.

이런 뜻에서 나누어 주길 싫어하는 사람은 재물을 맡을 자격이 없습니다. 선한 일을 하고 싶지 않은 원인의 하나는 재물이 자기의 것이라는 생각이 마음에 깔려 있기 때문입니다. 하지만 세상 만물이 다 주의 것입니다.

"은도 내 것이요 금도 내 것이니라 만군의 여호와의 말이니라"(학 2:8).

나누어 주길 좋아하지 않는 또 다른 이유는 호의호식을 원하기 때문입니다. 공동체 전체적인 유익에 앞서 자신만이 잘 먹고 잘 입으려는 이기적인 욕심에 사로잡히면 부자의 정신에 빠져 맘몬의 수중에 떨어지고 맙니다. 바울의 경고를 들어보십시오.

"부하려 하는 자들은 시험과 올무와 여러 가지 어리석고 해로운 욕심에 떨어지나니 곧 사람으로 파멸과 멸망에 빠지게 하는 것이라"(딤전 6:9).

잠언 기자도 "부자 되기에 애쓰지 말고 네 사사로운 지혜를 버릴지어다"(잠 23:4)라고 교훈하셨습니다. 나눠 주길 좋아하는 사람은 "그리스도 예수의 마음"(빌 2:5)을 가진 사람입니다. 예수 그리스도는 자신을 희생하셨습니다.

예수 그리스도는 모든 주는 사람의 모범입니다. 오직 예수 그리스도의 자기희생적인 증여의 모범을 따르는 사람들만이 넘치게 주는 이들입니다. 그러므로 주는 것의 분량은 자기가 가진 물질의 많고 적음에 달린 것이 아니고 주님의 희생에 얼마나 자신을 일치시키는지에 달려 있습니다.

마게도냐 교회의 교인들은 극심한 가난 속에서도 넘치는 연보를 했습니다(고후 8:2). 그 비결이 무엇이었습니까? 바울은 이렇게 증언합니다.

"그들이 먼저 자신을 주께 드리고 또 하나님 뜻을 따라 우리에게 주었도다"(고후 8:5).

청지기는 먼저 하나님께 자신을 드린 사람입니다. 십자가의 사랑과 헌신이 무엇인지 아는 사람입니다. 십자가의 사랑과 헌신을 깨달은 사람은 하나님이 주신 재물을 예수님의 자기희생의 모범에 따라 남에게 나눠 주길 기뻐할 것입니다(시 112:1, 9).

어떤 상황이든지 하나님 안에서 만족하라

성경은 "우리가 먹을 것과 입을 것이 있은즉 족한 줄로 알 것이니라"(딤전 6:8)고 말씀하십니다. 가질수록 더 갖고 싶은 것이 재물입니다. 흔히 재산과 돈이 있으면 자기가 되고 싶은 인간이 될 수 있다고 생각합니다. 그러나 아무리 재산과 돈이 있어도 그것들이 사람의 본성을 바꾸지 못합니다. 오히려 그 사람의 본색을 더 드러낼 뿐입니다.

우리는 선행을 하려면 돈이 있어야 한다고 말합니다. 그러나 돈보다 더 중요한 것은 그것을 사용하는 사람의 자족감입니다. 자신의 물질생활에 대해 초연한 자세가 없는 사람은 아까워서라도 재물을 후하게 나누어 주지 못합니다.

세상 재물에 메이지 않고 맘몬의 수중에서 놀아나지 않으려면 물질적 소유나 돈에 대해 느긋한 자세를 지니는 것이 좋습니다. 사람이 먹고 입는 것으로 족하게 여길 수 있다면 내가 가진 것을 쉽게 나누어 줄 수 있고 물질 때문에 마음이 미혹되거나 교만해지지 않을 것입니다.

예수님은 어리석은 부자의 비유를 하신 뒤 제자들에게 "목숨을 위하여 무엇을 먹을까 몸을 위하여 무엇을 입을까 염려하지 말라"(눅 12:22)고 말씀하셨습니다. 그러고 나서 하신 말씀이 공중의 새를 생각해 보고 들의 백합화를 생각해 보라는 것이었습니다.

우리가 의식주에 매여서 살고 다른 형제들에게 후하지 못한 것은 결국 하나님의 돌보심에 대한 신뢰의 결핍이며 자족감의 결여입니다.

사도 바울은 곤궁한 중에서도 언제나 풍부하다고 말했습니다(빌 4:18). 그는 여벌의 외투도 없었던 사람이었지만(딤후 4:13), 누구보다 풍성한 삶을 살았습니다. 그는 공중의 새와 들의 백합화를 누가 기르고 입히시는지 잘 알았던 사람이었습니다. 그는 모든 만물의 주인이신 하나님이 후히 주시는 하늘 아버지이심을 믿고 신뢰했기 때문에 "먼저 그의 나라와 그의 의"(마 6:33)를 구했습니다. 또한 그는 "한 날의 괴로움은 그 날로 족하니라"(마 6:34)는 사실을 알았기에 내일 일을 염려하지 않았습니다. 그래서 사도 바울은 다음과 같은 고백을 할 수 있었습니다.

"나는 비천에 처할 줄도 알고 풍부에 처할 줄도 알아 모든 일 곧 배부름과 배고픔과 풍부와 궁핍에도 처할 줄 아는 일체의 비결을 배웠노라 내게 능력 주시는 자 안에서 내가 모든 것을 할 수 있느니라"(빌 4:12~13).